나도 중국어로
말할 수 있다

완전초보 중국어 첫걸음

조희준 지음 | 장진카이(张进凯) 감수

나도 중국어로
말할 수 있다

완전초보 중국어 첫걸음

조희준 지음 ㅣ 장진카이(张进凯) 감수

Vitamin
비타민북 Book

머리말 Preface

시작이 반이다.

"중국어가 어려워요!"
물론 쉬운 외국어가 따로 있는 것은 아니겠지만, 복잡한 한자와 까다로운 발음 때문에 흔히들 중국어를 어렵게 생각합니다. 하지만 이 책은 여러분의 그런 편견을 과감하게 깨뜨려 드릴 것입니다.

이 책은 중국어를 처음 시작하는 사람들이 중도에서 절대 포기하지 않도록 하는 것을 최대 목표로 기획 제작되었습니다. 기존의 첫걸음 교재에서 많은 학습량을 제공하여 지속적인 학습으로 이루어지지 못한다는 점을 고려하여 최소한의 기초 단어만으로 다양한 기초회화 학습을 지루하지 않게 지속할 수 있는 가장 알찬 교재가 될 것임을 자부합니다.

본 책의 구성은 본문에 들어가기 전 중국어의 글자(간체자)와 발음을 다루었지만, 다소 어렵고 지루할 수가 있으므로 바로 이어서 나오는 숫자 익히기와 기본 표현을 통해 자연스럽게 익히다가 본문 학습에 들어가서 차근차근 익혀나가도 늦지 않을 것입니다.

대부분의 첫걸음 교재에서는 주제별로 회화를 단순 나열식으로 다루다 보니 문법적인 체계가 올바르지 않거나 내용면에서 턱없이 부족했던 것이 사실입니다. 이런 여타 첫걸음 교재의 단점을 보완하기 위해 기초 빈출 단어만을 엄선하되 중국어 문법을 쉽고 체계적으로 정리해 제공함으로써 기초 중국어 학습을 탄탄하게 하도록 구성하였습니다.

아울러 본 책은 중국어를 막 시작하는 입문자뿐만 아니라, 입사시험 준비나 직장인이 중국어 공인 시험에도 자연스럽게 대비할 수 있도록 新HSK1~3급 단어도 권말에 실었습니다. 각 단어의 쓰임을 이해하기 위한 활용 예문을 함께 실어서 학습 효과를 높이고 중국어 공인 시험 준비서로도 손색이 없음을 밝혀둡니다. 아무쪼록 중국어와 처음 인연을 맺는 여러분들 모두 소기의 성과를 거두시길 빕니다.

好的開始是成功的一半。 좋은 시작은 성공의 반이다.

중국 격언에는 시작이 반이고, 좋은 시작은 성공의 반이라는 말이 있습니다. 그냥 시작으로 만족할 것인지 아니면 좋은 시작을 통해 성공의 절반을 확보할 것인지는 이제 여러분의 선택에 달려 있습니다.

이 책을 통해 좋은 시작을 선택하고 성공의 절반을 확보한 후, 나머지 절반을 여러분의 노력으로 채운다면 중국어 첫걸음 학습은 반드시 성공할 것입니다. 그리하여 G2 국가로 우뚝선 중국을 이해하고, 그 중심에 서서 미래의 주역이 될 그 첫걸음을 바로 지금 여기에서 시작하기 바랍니다.

저자 올림

이 책의 구성 Characteristics

1 병음 익히기

중국어의 시작은 병음과 성조와 친해지는 것입니다. 상당히 반복해서 들어야 내 것이 됩니다.

2 그림으로 배우는 일상 단어

아침부터 잠들기까지 일상을 그림과 함께 중국어 어휘로 자꾸 보면 기억하기 쉬워집니다.

3 문장 살펴보기

본문을 통하여 중국 어법을 친절하게 설명해주는 부분입니다.

4 Day를 마무리하는 평가 문제

어학 공부는 반복과 복습이 생명입니다. 여러 번 반복해야만 머리에 기억으로 자리잡습니다.

5 중국 여행에 필요한 회화

1. 공항 机场 [jīchǎng 지챵]

입국 수속은 기내에서 받은 입국 카드에 영어로 기재하며, 입국 심사는 외국인과 내국인으로 나눠서 하고 있으니 확인하고 외국인 줄에 서도록 합니다. 입국 심사가 끝나면 수하물 찾는 곳(行李提取)에서 짐을 찾습니다.

□ 어디에서 탑승합니까?
在哪儿登机? 짜이 날 / 떵지?
Zài nǎr dēngjī?

현지 여행에 꼭 필요한 지도와 상황별 회화 표현을 수록했습니다.

6 HSK 3급 어휘와 예문

1. 동사

祝	zhù	기원하다, 축하하다
		祝你生日快乐! 생일 축하합니다!
		~ nǐ shēngrì kuàilè!

长	zhǎng	자라다, 생기다
		他已经长大了. 그는 이미 성장했다.
		Tā yǐjing ~dà le.

| 站 | zhàn | 서다, 일어서다 |

중국어 시험에 대비하여 기본 어휘와 예문을 실었습니다.

7 단어 색인

단어 색인

* 숫자는 해당 day

a	啊 감탄의 어기를 나타냄	24
ǎi	矮 (키가) 작다	20
āiyā	哎呀 아이고!	26
ba	吧 ~하자(청유): ~일 거다(추측)	1, 10
bā	八 8, 여덟	4
bǎ	把 자루[자루 달린 것 세는 양사]: ~을	17, 20
bàba	爸爸 아빠, 아버지	9

본문에 나온 단어를 찾아보기 쉽게 권말에 실었습니다. 의미도 있으므로 단어 공부에도 활용 가능합니다.

8 다운로드 하기

원어민 남녀 성우의 정확한 발음을 CD로 듣거나 콜롬북스를 통해 휴대전화로 듣거나 MP3파일을 다운받아 들을 수 있습니다.

차례 Contents

Part 1 중국어 문자

Part 2 완전 초보 중국어 첫걸음

Part **3** 부록

part 1

중국어 문자

1 중국어의 글자 간체자

중국은 한자를 사용하나 우리가 알고 있는 한자(번체자)가 아니라 복잡한 번체자(繁體字)를 간단하게 만든 간체자(簡體字)를 사용한다.

"飞龙"

이것은 간체자이다. 뭐라고 읽을까? 아마도 한자 실력이 1급이라도 이 글자를 제대로 읽을 줄 아는 사람은 드물 것이다. 이 글자는 '날 비(飛)'와 '용 룡(龍)', 즉 '飛龍'을 간체자로 적어 놓은 것이다. 잘 읽을 수는 없었겠지만, 자세히 살펴보면 우리가 쓰는 한자보다는 획수가 매우 간단함을 알 수 있다. 이처럼 중국에서는 글자를 간단하게 만든 한자를 쓰는데, 이를 '간체자'라고 한다. 그리고 간체자라는 새로운 용어가 생겨남에 따라 옛날 방식의 복잡한 한자를 '번거로울 번(繁)' 자를 써서 '번체자'라고 이름 붙이게 되었다.

물론 옛날에는 중국에서도 우리나라와 같이 번체자를 사용했지만, 지금은 이렇게 간단하게 만든 간체자를 사용한다.

간체자는 사람들에게 글자를 보다 쉽게 익히게 하기 위해 중국문화개혁위원회에 의해서 1955년에 제정되었다. 그 뒤에 몇 번의 개선과 추가사항이 만들어지고 나서, 중국 국민이 꼭 익혀야 할 상용 간체자로서 2,238자가 정해져 지금까지 사용되고 있다.

　간체자 제정원리는 여러 가지가 있으나 대표적인 것 몇 가지만 정리해 보면 아래와 같다.

간체자 채택 방식	글자의 예
글자의 한 부분을 사용	开(開) 虫(蟲) 电(電)
편방(偏旁)을 단순화하여 사용	难(難) 对(對) 战(戰)
초서체(草書體)를 정자화하여 사용	书(書) 长(長) 龙(龍)
약자(略字)를 사용	会(會) 体(體) 国(國)
발음이 같은 글자를 대체 사용	里(裏) 后(後) 只(隻)

 중국 격언

世上没有免费的午餐。
Shìshàng méiyǒu miǎnfèi de wǔcān.
세상에는 공짜가 없는 법이다.

不怕慢，只怕站。
Bú pà màn zhǐ pà zhàn
느린 것을 두려워 말고, 멈추는 것을 두려워하라.

2 중국어의 발음 한어병음

중국어 발음은 汉语拼音[Hànyǔ pīnyīn 한위 핀인]이라고 하며, 성모(聲母) · 운모(韻母) · 성조(聲調)로 구성되어 있다. 특히 우리 한글에도 장단음(長短音)이 있듯이, 중국어에도 음의 고저(高低)에 따라 4가지 성조가 있는데, 이를 사성(四聲)이라고 한다.

1. 성모(聲母) 따라잡기

(1) 쌍순음(雙脣音) 짝 雙, 입술 脣

양 입술을 붙였다가 떼면서 발음한다. 비교적 쉬운 발음이다.

b [bo] 뽀어 — 양 입술을 붙인 상태에서 재빨리 숨을 내뱉으면서 '뽀어' 하고 발음한다.

包 bāo 빠오 가방

爸爸 bàba 빠바 아빠, 아버지

p [po] 포어 — 양 입술을 붙인 상태에서 재빨리 숨을 내뱉으면서 '포어' 하고 발음한다.

票 piào 퍄오 표, 티켓

胖子 pàngzi 팡쯔 뚱보

| **m** | **[mo] 모어** | 양 입술을 붙였다가 떼면서 '모어' 하고 발음한다. |

马 mǎ 마 말   **买 mǎi** 마이 사다

| **f** | **[fo] f어** | 윗니로 아랫 입술을 가볍게 깨물면서 입술과 이 사이로 숨을 내뱉으며 'f어' 하고 발음한다. (영어의 'f'발음과 유사하다) |

佛 fó 풔 부처   **蜂 fēng** 펑 벌

(2) 설첨음(舌尖音) 혀 舌, 뾰족할 尖

혀끝을 윗니 뒤에 붙였다가 떼면서 발음한다.

| **d** | **[de] 뜨어** | 혀끝을 윗니 뒤에 붙여 숨을 약하게 내쉬면서 '뜨어' 하고 발음한다. |

岛 dǎo 따오 섬   **地球 dìqiú** 띠치우 지구

t [te] 트어

혀끝을 윗니 뒤에 붙여 숨을 강하게 내뿜으면서 '트어' 하고 발음한다.

桃 táo 타오 복숭아

太阳 tàiyáng 타이양 태양

n [ne] 느어

혀끝을 윗니 뒤에 붙여 코에서 숨을 내쉬듯이 '느어' 하고 발음한다.

男女 nánnǚ 난뉘 남녀

鸟 niǎo 냐오 새

l [le] 르어

혀끝을 윗니 뒤에 붙여 강하게 '르어' 하고 발음한다.

历史 lìshǐ 리스 역사

旅游 lǚyóu 뤼여우 여행

(3) 설근음(舌根音) 혀 舌, 뿌리 根

혀뿌리로 목구멍을 막았다가 떼면서 발음한다. 우리말에는 없는 발음이고 혀뿌리를 사용하여 발음해야 한다.

g   [ge] 끄어   혀뿌리를 위턱에 가까이 대고 목 안에서 숨을 마찰시키며 '끄어' 하고 발음한다.

高 gāo 까오 높다   **感冒 gǎnmào** 깐마오 감기

k   [ke] 크어   혀뿌리를 입천장에 댓다가 떼면서 목 안에서 숨을 강하게 내뱉으면서 '크어' 하고 발음한다.

卡 kǎ 카 카드   **看 kàn** 칸 보다

h   [he] 흐어   혀뿌리를 입천장에 댓다가 떼면서 목 안에서 숨을 마찰시키면서 '흐어' 하고 발음한다.

湖 hú 후 호수   **鶴 hè** 허 학

(4) 설면음(舌面音) 혀 舌, 낯 面

입을 양 옆으로 벌리고 혀를 평평하게 하면서 발음한다.

---

j [ji] 지

입을 양 옆으로 벌리고 혀를 입천장에 가볍게 대서 '지-' 하고 발음한다.

鸡 jī 지 닭

街 jiē 지에 거리

---

q [qi] 치

입을 양 옆으로 벌리고 혀를 입천장에 가볍게 대서 '치-' 하고 발음한다.

气体 qìtǐ 치티 기체

钱 qián 치앤 돈

---

x [xi] 시

입을 양 옆으로 벌리고 혀를 입천장에 가볍게 대서 '시-' 하고 발음한다.

西瓜 xīguā 시꾸아 수박

线 xiàn 시앤 선, 줄

(5) 권설음(捲舌音) 말 捲, 혀 舌

혀끝을 위로 약간 말아 입천장 사이로 호흡이 통과하며 내는 발음이다. 우리말에는 없는 중국어 특유의 발음이다.

---

zh [zhi] 즈   혀끝을 위로 약간 말아 숨을 약하게
내쉬면서 '즈' 하고 발음한다.

站 zhàn 잔 역, 정류소   照片 zhàopiàn 자오피앤 사진

---

ch [chi] 츠   혀끝을 위로 약간 말아 숨을 강하게
내뱉으면서 '츠' 하고 발음한다.

初恋 chūliàn 츠우리앤 첫사랑   船 chuán 츠우안 배

---

sh [shi] 스   혀끝을 위로 약간 말아 숨을 마찰시키면서
'스' 하고 발음한다.

书 shū 수 책   手机 shǒujī 서우지 휴대전화

r [ri] 르으   혀끝을 위로 약간 말아 목을 떨면서 '르' 하고 발음한다.

热 rè 르어 덥다

日子 rìzi 르으쯔 날짜

(6) 설치음(舌齒音) 혀 舌, 이 齒

혀끝이 윗니 뒤쪽 벽에 닿아 있다가 떨어지면서 발음한다.

Z [zi] 쯔   혀끝을 윗니 안쪽에 대고 입을 가볍게 좌우로 당기면서 '쯔-' 하고 발음한다.

走 zǒu 쩌우 걷다

坐 zuò 쭈어 앉다

C [ci] 츠   혀끝을 윗니 안쪽에 대고 숨을 강하게 내쉬면서 '츠-' 하고 발음한다.

菜 cài 차이 요리

草原 cǎoyuán 차오위앤 초원

| **s** [si] 쓰 | 혀끝을 윗니 안쪽에 대고 입을 가볍게 좌우로 당기면서 '쓰–' 하고 발음한다. |

三角 sānjiǎo 싼쟈오 삼각

四 sì 쓰 4 넷

2. 운모(韻母) 따라잡기

(1) 단운모(單韻母)

| **ɑ** 아 | 입을 크게 벌려 '아'라고 발음하며, 혀의 위치는 낮게 한다. |

妈妈 māma 마마 엄마, 어머니

塔 tǎ 타 탑

| **o** 오어 | 입을 둥글게 만들어 '오어'라고 발음하며, 혀는 중간 뒤쪽에 둔다. |

波 bō 뽀어 물결

末 mò 모어 끝부분, 마지막

| e | 으어 | 입술을 옆으로 가볍게 벌리고 목 안쪽에서 '으어' 라고 발음하며, 혀는 뒤쪽 중앙에 둔다. |

哥哥 gēge 꺼거 형, 오빠

喝 hē 허 마시다

| i | 이 | 입술을 옆으로 가볍게 벌리고 위 아랫니는 거의 붙이고 '이'라고 발음하며, 혀는 아래쪽 앞에 둔다. |

米 mǐ 미 쌀

妻子 qīzi 치쯔 아내, 처

| u | 우 | 입술을 앞으로 내밀고 입술을 둥글게 말아 '우'라고 발음한다. |

舞 wǔ 우 춤, 무용

哭 kū 쿠 울다

ü   위

'u'처럼 입술 모양을 만들고 입술 양 끝에 힘을 주어 '위'라고 발음한다. 한국어 '위'와 달리 입술 모양이 움직이지 않는다. ju, qu, xu는 u 위에 점 두 개를 생략하여 표기한다.

女儿 nǚ'ér 뉘얼 딸

剧 jù 쥐 극, 드라마

Tip 1 'e'는 기본적으로 '으어'라고 발음되지만, 다음의 경우는 '에'에 가깝게 발음한다.

ie(ye): 写 xiě 시에 (글씨를) 쓰다   **ei:** 飞 fēi 페이 날다

Tip 2 'i'는 기본적으로 '이'라고 발음되지만, 다음의 경우는 '으'에 가깝게 발음한다.

zi(쯔)   **ci**(츠)   **si**(쓰)   **zhi**(즈)   **chi**(츠)   **shi**(스)   **ri**(르)

Tip 3 'i, u, ü'가 앞에 다른 성모 없이 단독으로 올 때는, 앞에 특정 성모를 덧붙여 각각 '**yi**(이), **wu**(우), **yu**(위)'로 표기한다.

(2) 복운모(複韻母) 겹칠 複

Tip 1 복운모는 기본 운모가 2개 이상 결합된 것으로, 운모 중에 a, o, e가 있으면 다른 운모보다 강하고 길게 발음한다.

Tip 2 복운모는 병음 표기 원칙이 다소 복잡하다. 따라서 아래 내용은 본문을 공부하면서 필요할 때마다 참조해가며 자연스럽게 익히도록 하자.

① 다음 복운모는 앞에 오는 운모를 길게 발음한다.

ai 아이   **ei** 에이   **ao** 아오   **ou** 오우

→ 'e'는 'i, u, ü'와 결합(ie, uei, üe)하면, '으어' 발음이 아니고 '에' 발음으로 난다.

来 lái 라이 오다

飞机 fēijī 페이지 비행기

猫 māo 마오 고양이

头发 tóufa 터우파 머리털

② 다음 복운모는 뒤에 오는 운모를 길게 발음한다.

| ia 이아 | ie 이에 | ua 우아 | uo 우오 | üe 위에 |

→ 'i'로 시작되는 복운모 앞에 다른 성모가 오지 않으면 'i'를 'y' 로 표기한다.

단, 'i'가 단독으로 올 때는 'yi'로 표기한다.

ia → ya   ie → ye   i → yi

→ 'u'로 시작되는 복운모 앞에 다른 성모가 오지 않으면 'u'를 'w'로 표기한다.

단, 'u'가 단독으로 올 때는 'wu'로 표기한다

ua → wa   uo → wo   u → wu

→ 'ü'로 시작되는 복운모 앞에 다른 성모가 오지 않으면 'ü'를 'yu'로 표기한다.

üe → yue   ü → yu

家 jiā 지아 집, 가정

鞋 xié 시에 신발

花 huā 후아 꽃

火 huǒ 후어 불

月亮 yuèliang 위에리앙 달

③ 다음 복운모는 가운데에 오는 운모를 길게 발음한다.

| **iao** 이아오 | **iou** 이오우 | **uai** 우아이 |

| **uei** 우에이 |

→ 'iao'로 시작되는 복운모 앞에 다른 성모가 오지 않으면 'i'를 'y'로 표기한다.

　　　iao → yao

→ 'iou'로 시작되는 복운모 앞에 다른 성모가 오지 않으면 'i'를 'y'로 표기한다.

　　단, 앞에 성모가 오면 '성모+iu'로 표기한다.

　　　iou → you 　　 diou → diu

→ 'uai'로 시작되는 복운모 앞에 다른 성모가 오지 않으면 'u'를 'w'로 표기한다.

uai → wai

→ 'uei'로 시작되는 복운모 앞에 다른 성모가 오지 않으면 'u'를 'w'로 표기한다.

단, 앞에 성모가 오면 '성모+ui'로 표기한다.

uei → wei   duei → dui

笑 xiào 시아오 웃다

牛 niú 니오우 소

坏 huài 화이 나쁘다, 악하다

贵 guì 꿰이 비싸다

(3) 비운모(鼻韻母)

비운모는 발음할 때 콧소리가 나는 운모를 가리킨다.

an 안 **ian** 이엔 **uan** 우안 **üan** 위앤

→ 'an' 앞에 'i'가 나올 때는 '이엔'으로 발음한다.

→ 'uan'으로 시작되는 복운모 앞에 다른 성모가 오지 않으면 'u'를 'w'로 표기한다.

→ 'üan'으로 시작되는 복운모 앞에 다른 성모가 오지 않으면 'ü'를 'yu'로 표기한다.

→ 'an' 앞에 'ü'가 나올 때는 '위앤'으로 발음한다.

Tip 교육부 중국어 외래어 표기법에 의하면 중국 인민폐 단위[yuán 元]를 '위안'이라고 하는 것은 잘못된 표기이다.

暗 àn 안 어둡다

面包 miànbāo 미엔빠오 빵

关 guān 꾸안 닫다

圈 quān 취앤 동그라미, 고리

en 언   in 인   uen 우언   ün 윈

→ 'in'으로 시작되는 복운모 앞에 다른 성모가 오지 않으면 앞에 'y'를 붙인다. → yin

→ 'uen'으로 시작되는 복운모 앞에 다른 성모가 오지 않으면 'u'를 'w'로 표기한다. → wen

→ 'ün'으로 시작되는 복운모 앞에 다른 성모가 오지 않으면 'ü'를 'yu'로 표기한다. → yun

针 zhēn 전 바늘

饮料 yǐnliào 인랴오 음료

文具 wénjù 원쮜 문구

云 yún 윈 구름

ang 앙   iang 이앙   uang 우앙

→ 'iang'으로 시작되는 복운모 앞에 다른 성모가 오지 않으면 'i'를 'y'로 표기한다. → yang

→ 'uang'으로 시작되는 복운모는 앞에 다른 성모가 오지 않으며, 'u'를 'w'로 표기한다.→ wang

忙 máng 망 바쁘다

江 jiāng 지앙 강

光 guāng 꾸앙 빛

eng 엉 ueng 우엉 ing 잉 ong 옹
iong 이옹

→ 'ueng'은 앞에 다른 성모가 오지 않으며 'u'를 'w'로 표기한다. → weng

→ 'iong'으로 시작되는 복운모 앞에 다른 성모가 오지 않으면 'i'를 'y'로 표기한다. → yong

梦 mèng 멍 꿈

翁 wēng 우엉 노인

听 tīng 팅 듣다

公寓 gōngyù 꿍위 아파트

穷 qióng 치옹 가난하다

3. 성조(聲調) 따라잡기

(1) 중국어 음절의 구성요소

중국어는 영어 알파벳을 빌어서 발음을 표기하는데 중국에서는 이를 병음(拼音)이라고 부른다. 병음은 영어의 발음과 완전히 일치하지는 않으며, 한글로도 정확히 표기하기 어렵다. 중국어의 성모는 한국어의 자음에, 운모는 모음에 해당하며, 음의 높낮이를 가리키는 성조가 있다.

(2) 성조

중국어에서 음절 하나하나마다 올리고 내리는 음절의 높낮이 변화를 성조라고 한다. 성조(聲調)에는 1성·2성·3성·4성 네 개의 성조가 있는데 이를 사성(四聲)이라고 부른다. 같은 병음(拼音)이라도 성조가 틀리면 뜻이 달라지기 때문에 성조에 특히 주의해야 한다.

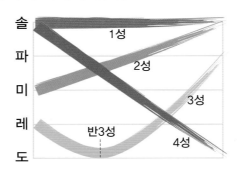

※ 도표의 높낮이를 참조하여, 운모 'a' 앞에 성모 'm'을 붙여 아래 각 성조연습을 해 보자.

제1성	가장 높은 곳에서 평탄하고 길게 발음하는데, 가능한 충분히 높게 읽어야 한다.	mā 妈 엄마
제2성	2성은 중간 높이에서 시작하여 빠른 속도로 상승하는데, 상대방의 말에 기분이 상해서 따지는 듯이 "뭐?" 라고 할 때 내는 소리이다.	má 麻 삼
제3성	긍정의 어기로 "음~"이라고 할 때처럼 내려왔다가 다시 올라가는 소리이다.	mǎ 马 말
제4성	화가 나서 상대방에게 "야! 임마!"라고 할 때의 '마'의 느낌으로, 맨 위에서 맨 아래로 뚝 떨어지는 소리이다.	mà 骂 욕하다

* 경성(輕聲)

　중국어의 각 음절은 원칙적으로 모두 성조를 가지고 있지만, 때때로 본래의 성조를 잃고 가볍고 짧게 발음되는 것이 있다. 이러한 음절을 '경성'이라고 하며, 성조는 표시하지 않는다. 가장 일반적인 경우는 같은 글자가 중복되는 이음절 단어의 뒤에 오는 글자나 접미사는 경성으로 발음한다.

예　māma 妈妈 엄마

　　bàba 爸爸 아빠

　　yǐzi 椅子 의자

　　zhuōzi 桌子 탁자, 테이블

Tip 경성의 높낮이는 앞 음절의 성조에 따라 다음과 같이 바뀐다.

- 제1성 뒤에 오는 경성의 높이 : 2도
- 제2성 뒤에 오는 경성의 높이 : 3도
- 제3성 뒤에 오는 경성의 높이 : 4도
- 제4성 뒤에 오는 경성의 높이 : 1도

제1성	제1성 뒤에 오는 경성 māma 妈妈 엄마	
제2성	제2성 뒤에 오는 경성 míngzi 名字 이름	
제3성	제3성 뒤에 오는 경성 yǐzi 椅子 의자	
제4성	제4성 뒤에 오는 경성 dìdi 弟弟 남동생	

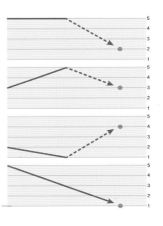

(3) 성조의 표기 원칙

성조를 표기하는 원칙은 기본적으로 6가지 기본 운모(a, e, o, i, u, ü) 위에 붙이며, 운모가 2개 이상일 때는 다음과 같은 원칙에 따른다.

① a가 있으면 a 위에 붙인다.

　hǎo　lái　tài

② a가 없으면 e와 o 위에 붙인다.

　duō　hēi　kǒu

③ i와 u가 같이 있으면 뒤에 붙인다.

　liù　jiǔ　shuǐ

Tip i 위에 성조가 오는 경우는 i 위에 점을 빼고 붙인다.

　sì　chī　dì

4. 어음(语音)의 변화

실제로 말하거나 문장을 읽을 때는 각 음절이 독립적으로 발음되지 않고 앞뒤의 음절이 서로 영향을 주어 어음의 변화를 일으키게 된다.

(1) 3성의 변화

① 3성 발음이 연속되는 경우

　你好?(안녕하세요?) nǐ hǎo → ní hǎo

　(3성 앞의 3성은 제2성으로 발음한다.)

我也好(나도 괜찮아.) wǒ yě hǎo → wó yé hǎo

(3성이 세 개 겹칠 때 앞의 3성 두 개는 제2성으로 발음
한다.)

② 3성 뒤에 제 1, 2, 3성이 따라 나올 때는 앞의 3성이 半3성으
로 발음한다.

Tip 半3성은 3성의 앞부분만 발음하는 것을 말한다.

老师(교사) lǎoshī → lǎoshī

很忙(매우 바쁘다) hěn máng → hěn máng

可乐(콜라) kělè → kělè

| 3성 | 반3성 |

(2) '一'의 변화

一 [yī]는 제 1, 2, 3성 앞에서는 4성으로 발음한다.

一天(하루) yītiān → yìtiān

一年(1년) yīnián → yìnián

一起(함께) yīqǐ → yìqǐ

(3) '不'의 변화

不 [bù]는 제4성 앞에서는 2성으로 발음한다.

不对(틀리다) bùduì → búduì

不会(못 하다) bùhuì → búhuì

* 성조의 변화

영어에 연음법칙이 있는 것처럼 중국어에도 좀 더 쉽고 부드럽게 발음하기 위해서 몇 가지 경우에서 성조의 변화가 일어난다. 그 중에서 대표적인 '一'와 '不'의 성조변화는 초학자가 학습하기에 편리하도록 일반적으로 변화된 성조로 표기한다.

예 一共(전부) yīgòng → yígòng

不错(괜찮다) bùcuò → búcuò

5. 儿化(얼화) 현상

권설운모 '儿 ér'은 'e 어'를 발음한 상태에서 혀를 말아 올리며 발음한다. 명사 뒤에 와서 귀엽거나 작은 것을 나타내거나 동사나 형용사 뒤에 와서 명사화시키는 역할을 하는데 이것을 '儿'화 라고 한다. 이때 발음은 앞 음절의 운모에 따라 변화된다.

(1) 마지막 운모가 'a, o, e, u'로 끝나는 경우는 '-r'만 붙여 발음한다.

花儿(꽃) huār 활 　　　　　　朵儿(꽃송이) duǒr 뚜올

这儿(여기) zhèr 절

(2) 마지막 운모가 'ai, ei, an, en'로 끝나는 경우는 맨 끝에 오는 성모나 운모를 빼고 '-r'만 붙여 발음한다.

小孩儿(어린이) xiǎohái + r → xiǎohár 샤오할

味儿(맛) wèi + r → wèr 월

一点儿(약간) yìdiǎn + r → yìdiǎr 이띠얼

书本儿(서적) shūběn + r → shūběr 수뻴

(3) 마지막 운모가 'ang, eng'로 끝나는 경우는 '-ng' 발음을 빼고 '-r'만 붙여 발음한다.

帮忙儿(도움, 원조) bāngmáng + r → bāngmár 빵말

坑儿(구덩이) kēng + r → kēr 컬

(4) 마지막 운모가 'i, ü'로 끝나는 경우는 '-er'을 붙여 발음한다.

玩意儿(장난감) wányìer 완이얼

有趣儿(재미있다) yǒuqùer 여우취얼

(5) 마지막 운모가 'in, ing'로 끝나는 경우는 '-n, -ng' 발음을 빼고 '-er'을 붙여 발음한다.

今儿(오늘) jīn+er → jīer 지얼

眼镜儿(안경) yǎnjìng+er → yǎnjìer 옌지얼

3 기본 회화 표현

□ 안녕하세요! | 니하오!
你好！ Nǐ hǎo!

□ 잘 지내셨나요? | 니하오 마?
你好吗？ Nǐ hǎo ma?

□ 저는 잘 지냅니다. | 워 헌 하오.
我很好。 Wǒ hěn hǎo.

□ 만나뵈어 반갑습니다. | 지엔따오 닌 / 헌 까오싱.
见到您很高兴。 Jiàndào nín hěn gāoxìng.

□ 오랜만입니다! | 하오지우 부지엔!
好久不见！ Hǎojiǔ bújiàn!

□ 또 봐요! (헤어질 때 인사) | 짜이지엔!
再见！ Zàijiàn!

□ 내일 만나요! | 밍톈 지엔!
明天见！ Míngtiān jiàn!

□ 감사합니다! | 셰셰!
谢谢！ Xièxie!

□ 미안합니다. | 뛔이부치.
对不起。 Duìbuqǐ.

□ 사양하지 마세요. | 부야오 커치.
不要客气。 Búyào kèqi.

□ 천만에요. | 부 커치.
不客气。 Bú kèqi.

□ 살펴 가세요. | 칭 만 쩌우.
请慢走。 Qǐng màn zǒu.

□ 괜찮습니다. | 메이 꽌시.
没关系。 Méi guānxi.

□ 폐를 끼쳤습니다. | 마판 닌 러.
麻烦您了。 Máfan nín le.

□ 양해해주세요. | 칭 위앤량.
请原谅。 Qǐng yuánliàng.

□ 최근에 바쁘세요? | 쮀이진 망 마?
最近忙吗? Zuìjìn máng ma?

□ 별로 바쁘지 않습니다. | 부 타이 망.
不太忙。 Bú tài máng.

□ 바쁩니다. | 헌 망.
很忙。 Hěn máng.

□ 그런대로 괜찮아요. | 하이 커이.
还可以。 Hái kěyǐ.

□ 들어오세요. | 칭 진.
请进。 Qǐng jìn.

□ 앉으세요. | 칭 쭈어.
请坐。 Qǐng zuò.

□ 잠깐만 기다리세요. | 칭 떵 이샤.
请等一下。 Qǐng děng yíxià.

□ 드세요. | 칭 용.
请用。 Qǐng yòng.

□ 맞습니까? | 뒈이 부 뒈이?
对不对? Duì bu duì?

□ 틀립니다. | 뿌 뒈이.
不对。 Bú duì.

□ 맞습니다. | 뒈이.
对。 Duì.

□ 그렇습니까? | 스 마?
是吗? Shì ma?

□ 아닙니다. | 뿌 스.
不是。 Bú shì.

□ 그렇습니다. | 스더.
是的。 Shìde.

□ 있습니까? | 여우 메이여우?
有没有? Yǒu méiyǒu?

□ 없습니다. | 메이여우.
没有。 Méiyǒu.

□ 있습니다. | 여우.
  有。Yǒu.

□ 이해 됩니까? | 밍바이 마?
  明白吗？Míngbai ma?

□ 이해 안 됩니다. | 뿌 밍바이.
  不明白。Bù míngbai.

□ 이해 됩니다. | 밍바이.
  明白。Míngbai.

□ 알아들었습니까? | 팅 더 똥 마?
  听得懂吗？Tīng de dǒng ma?

□ 알아듣지 못했습니다. | 팅 부 똥.
  听不懂。Tīng bu dǒng.

□ 알아들었습니다. | 팅 더 똥.
  听得懂。Tīng de dǒng.

□ 잘 들리지 않습니다. | 팅 부 칭츠우.
  听不清楚。Tīng bu qīngchu.

□ 다시 한 번 말씀해주세요. | 칭 짜이 수어 이 삐엔.
请再说一遍。 Qǐng zài shuō yí biàn.

□ 선생은 어느 나라 분이십니까? | 닌 스 / 나 꿔 르언?
您是哪国人？ Nín shì nǎ guó rén?

□ 선생의 성함은 어떻게 되십니까? | 닌 쟈오 선머 밍쯔?
您叫什么名字？ Nín jiào shénme míngzi?
*叫는 '～라고 하다, ～라고 부르다'라는 동사로 소개할 때 흔히 쓰는 말.

□ 나이가 어떻게 됩니까? | 니 뚜어 따 / 니엔지?
你多大年纪？ Nǐ duō dà niánjì?

□ 몇 살이니? | 니 지 쒜이?
你几岁？ Nǐ jǐ suì?

4 일상 중국어 표현

在家 [zài jiā] 짜이 지아 **집에서**

起床
[qǐchuáng]
치츠우앙
기상하다

刷牙 [shuāyá]
쇼야
이를 닦다

洗脸 [xǐliǎn]
시리엔
세면하다

刮脸 [guāliǎn]
꾸아리엔
면도하다

洗头 [xǐtóu]
시터우
머리 감다

化妆
[huàzhuāng]
후아쾅
화장하다

穿 [chuān]
츠우안
(옷을) 입다

早餐 [zǎocān]
짜오찬
아침 식사

勺子 [sháozi] 사오쯔 숟가락

筷子 [kuàizi] 콰이쯔 젓가락

饭碗 [fànwǎn] 판완 밥그릇

杯子 [bēizi] 뻬이쯔 컵

上班 [shàngbān] 상빤 출근

交通工具 [jiāotōng gōngjù] 쟈오통 꽁쥐 교통수단

火车 [huǒchē]
후어츠어
열차

地铁 [dìtiě]
띠티에
지하철

汽车 [qìchē]
치츠어
자동차

公交车 [gōngjiāochē]
꽁쟈오츠어
버스

自行车 [zìxíngchē]
쯔싱츠어
자전거

摩托车 [mótuōchē]
뭐투어츠어
오토바이

小型摩托车 [xiǎoxíng mótuōchē]
샤오싱 뭐투어츠어
스쿠터

飞机 [fēijī]
페이지
비행기

开车 [kāichē]
카이츠어
운전하다

电池 [diànchí] 띠엔츠으 배터리

发动机 [fādòngjī] 파똥지 엔진

安全带 [ānquándài] 안취앤따이 안전벨트

汽油 [qìyóu] 치여우 휘발유

加油站 [jiāyóuzhàn] 쟈여우잔 주유소

停车场 [tíngchēchǎng] 팅츠어츠앙 주차장

在公司 [zài gōngsī] 짜이 꽁쓰 **회사에서**

上司 [shàngsi]
상쓰
상사

同事 [tóngshì]
통스
동료

下属 [xiàshǔ]
시아수
부하

工作 [gōngzuò]
꽁쭈어
일하다

会议 [huìyì]
훼이이
회의

出差 [chūchāi]
츠우차이
출장(하다)

聚餐 [jùcān]
쥐찬
회식(하다)

上班 [shàngbān]
상빤
출근하다

办公室 [bàngōngshì]
빤꿍스
사무실

工资 [gōngzī] 꽁쯔 월급

打工 [dǎgōng] 따꿍 아르바이트하다

履历表 [lǚlìbiǎo] 뤼리뺘오 이력서

名片 míngpiàn 밍피엔 명함

复印机 [fùyìnjī] 푸인지 복사기

传真机 [chuánzhēnjī] 츠우안전지 팩스

健身房 [jiànshēnfáng] 지엔선팡 **헬스장**

仰卧起坐
[yǎngwò qǐzuò]
양워 치쭈어
윗몸 일으키기

运动器械 [yùndòng qìxiè]
윈똥 치시에
운동기구

室内跑步机
[shìnèi pǎobùjī]
스네이 파오뿌지
러닝머신

教练员 [jiàoliànyuán]
쟈오리엔위앤
트레이너

瑜伽 [yújiā]
위지아
요가

普拉提 [pǔlātí]
푸라티
필라테스

运动
[yùndòng]
윈똥
스포츠

足球 [zúqiú] 쭈치우 축구

棒球 [bàngqiú] 빵치우 야구

篮球 [lánqiú] 란치우 농구

游泳 [yóuyǒng] 여우영 수영

网球 [wǎngqiú] 왕치우 테니스

保龄球 [bǎolíngqiú] 빠오링치우 볼링

高尔夫球 [gāo'ěrfūqiú] 까오얼푸치우 골프

回家 [huíjiā] 훼이지아 **귀가**

扫除 [sǎochú]
싸오츠우
청소(하다)

洗衣服 [xǐ yīfú]
시 이푸
빨래(하다)

烹饪 [pēngrèn]
펑르언
요리(하다)

洗碗 [xǐwǎn]
시완
설거지(하다)

看电视
[kàn diànshì]
칸 띠엔스
TV를 보다

读书
[dúshū]
뚜수
책을 읽다

听音乐
[tīng yīnyuè]
팅 인위에
음악을 듣다

睡觉
[shuìjiào]
쉐이쟈오
자다

淋浴 [línyù]
린위
샤워(하다)

浴室 [yùshì] 위스 욕실

毛巾 [máojīn] 마오진 수건

镜子 [jìngzi] 징쯔 거울

牙刷 yáshuā 야수아 칫솔

牙膏 [yágāo] 야까오 치약

洗发精 [xǐfàjīng] 시파징 샴푸

肥皂 [féizào] 페이짜오 비누

数字 [shùzì] 수쯔 **숫자**

■ 1~10

0 零 [líng] 링	1 一 [yī] 이	2 二 [èr] 얼
3 三 [sān] 싼	4 四 [sì] 쓰	5 五 [wǔ] 우
6 六 [liù] 리우	7 七 [qī] 치	8 八 [bā] 빠
9 九 [jiǔ] 지우	10 十 [shí] 스	

■ 손가락으로 1~10 나타내기

하나 이 　　**둘** 얼 　　**셋** 싼 　　**넷** 쓰

다섯 우 　　**여섯** 리우 　　**일곱** 치 　　**여덟** 빠

아홉 지우 　　**열** 스

■ 두자리 숫자

十一 [shíyī] 스이

十二 [shí'èr] 스얼

十三 [shísān] 스싼

十四 [shísì] 스쓰

十五 [shíwǔ] 스우

十六 [shíliù] 스리우

十七 [shíqī] 스치

十八 [shíbā] 스빠

十九 [shíjiǔ] 스지우

二十 [èrshí] 얼스

三十 [sānshí] 싼스

四十 [sìshí] 쓰스

五十 [wǔshí] 우스

六十 [liùshí] 리우스

七十 [qīshí] 치스

八十 [bāshí] 빠스

九十 [jiǔshí] 지우스

二十一 [èrshíyī] 얼스이

二十二 [èrshí'èr] 얼스얼

九十九 [jiǔshíjiǔ] 지우스지우

■ 백 단위 이상에서 첫 자리가 1인 경우

우리는 백, 천, 만이라고 읽지만 중국어에선 1백, 1천, 1만이라고 읽는다.

113 一百一十三 [yìbǎi yìshísān] 이 바이 이스싼

1015 一千零一十五 [yìqiān líng yìshíwǔ] 이치엔 링 이스우

하지만 十가 万, 亿와 결합할 때는 一를 붙이지 않는다.

16만 十六万 [shíliùwàn] 스리우완

16억 十六亿 [shíliùyì] 스리우이

季节 [jìjié] 지지에 **계절**

春天 [chūntiān]
츠운티엔
봄

夏天 [xiàtiān]
시아티엔
여름

冬天 [dōngtiān]
똥티엔
겨울

秋天 [qiūtiān]
치우티엔
가을

星期 [xīngqī] 싱치 **요일**

□ **星期一** [xīngqīyī] 싱치이 월요일

□ **星期二** [xīngqī'èr] 싱치얼 화요일

□ **星期三** [xīngqīsān] 싱치싼 수요일

□ **星期四** [xīngqīsì] 싱치쓰 목요일

□ **星期五** [xīngqīwǔ] 싱치우 금요일

□ **星期六** [xīngqīliù] 싱치리우 토요일

□ **星期天** [xīngqītiān] 싱치티엔 일요일

*星期 대신 礼拜[lǐbài]를 쓰기도 한다.

一点 [yī diǎn]
이 띠엔 1시

两点 [liǎng diǎn]
리앙 띠엔 2시

三点 [sān diǎn]
싼 띠엔 3시

四点 [sì diǎn]
쓰 띠엔 4시

五点 [wǔ diǎn]
우 띠엔 5시

六点 [liù diǎn]
리우 띠엔 6시

七点 [qī diǎn]
치 띠엔 7시

八点 [bā diǎn]
빠 띠엔 8시

九点 [jiǔ diǎn]
지우 띠엔 9시

十点 [shí diǎn]
스 띠엔 10시

十一点 [shíyī diǎn]
스이 띠엔 11시

十二点 [shí'èr diǎn]
스얼 띠엔 12시

분은 **分**[fēn]이라고 한다. 30분은 **半**[bàn]이라고도 하고, 三十分
[sānshí fēn]이라고도 한다. 그리고 15분은 **一刻**[yí kè], 45분은 三刻
[sān kè]라고도 한다. 초는 秒[miǎo]라고 한다.

月 [yuè] 위에 **월**

一月 [yī yuè]
이 위에 1월

二月 [èr yuè]
얼 위에 2월

三月 [sān yuè]
싼 위에 3월

四月 [sì yuè]
쓰 위에 4월

五月 [wǔ yuè]
우 위에 5월

六月 [liù yuè]
리우 위에 6월

七月 [qī yuè]
치 위에 7월

八月 [bā yuè]
빠 위에 8월

九月 [jiǔ yuè]
지우 위에 9월

十月 [shí yuè]
스 위에 10월

十一月 [shíyī yuè]
스이 위에 11월

十二月 [shí'èr yuè]
스얼 위에 12월

读书 [dúshū]

뚜수

독서

天体观测
[tiāntǐ guāncè]

티엔티 관처

천체관측

模型制作
[móxíng zhìzuò]

뭐싱 즈쭈어

모형제작

折纸 [zhézhǐ]

저즈

종이접기

陶艺 [táoyì]

타오이

도예

编织 [biānzhī]

삐엔즈

뜨개질(하다)

摄影 [shèyǐng]

서잉

사진촬영(하다)

烹饪 [pēngrèn]

펑르언

요리(하다)

画画 huàhuà

후아화

그림을 그리다

书法 [shūfǎ]

수파

서예

围棋 [wéiqí]

웨이치

바둑

国际象棋
[guójì xiàngqí]

꾸어지 시앙치

서양장기

色 [sè] 써 색

黑色
[hēisè]
헤이써
검은색

白色
[báisè]
빠이써
흰색

灰色
[huīsè]
훼이써
회색

黄色
[huángsè]
황써
노란색

粉红色
[fěnhóngsè]
펀훙써
분홍색

红色
[hóngsè]
훙써
빨간색

绿色
[lǜsè]
뤼써
초록색

紫色
[zǐsè]
쯔써
보라색

褐色
[hèsè]
허써
갈색

橘黄色
[júhuángsè]
쥐황써
주황색

象牙色
[xiàngyásè]
샹야써
아이보리색

蓝色
[lánsè]
란써
파란색

藏青色
[zàngqīngsè]
짱칭써
남색

银色
[yínsè]
인써
은색

米色
[mǐsè]
미써
베이지색

part **2**

완전초보
중국어 첫걸음

동사 술어문 (我去)

문장 속에서 주어의 동작이나 행위를 서술하는 것을 동사라고 하며, 동사가 술어로 쓰인 문장을 동사 술어문이라고 한다.

기본 표현

Wǒ qù.
我去。 저는 갑니다.
워 취

Wǒ bú qù.
我不去。 저는 가지 않습니다.
워 뿌 취

Tā lái.
他来。 그는 옵니다.
타 라이

Tā bù lái.
他不来。 그는 오지 않습니다.
타 뿌 라이

새로 나온 단어

我 wǒ 나, 저(1인칭 대명사) 　　他 tā 그
去 qù 가다 　　来 lái 오다
不 bù ~이 아니다

1. 주어 + 동사

(주어)는 (동사)하다.

동사 술어문은 '주어 + 술어'의 구조를 가지며, 주어 위치에는 일반적으로 인칭대사가 쓰인다. 이처럼 주술 구조로 된 문장은 한국어 어순과 같다.

→ 사람을 대신 가리키는 것을 인칭대사라고 한다.

我 wǒ 나 　　　 你 nǐ 당신 (동년배나 어린 사람에게 씀)

他 tā 그(남자) 　　 她 tā 그녀

它 tā 그것(동물, 사물)

我们 wǒmen 우리 　 你们 nǐmen 당신들

他们 tāmen 그들 　 她们 tāmen 그녀들

* 们 men은 '~들'의 뜻으로 복수를 나타내는 접미사이다.

Wǒ qù.
我去。 저는 갑니다.

Tā lái.
他来。 그는 옵니다.

2. 주어 + 不 + 동사

(주어)는 (동사)하지 않다.

동사술어문의 부정은 주어 뒤, 술어 앞에 '不 bù'를 쓰면 된다. 주어의 부정 의사표현이 된다.

Wǒ bú qù.
我不去。 저는 가지 않습니다.

Tā bù lái.
他不来。 그는 오지 않습니다.

A
Nǐ qù ma?
你去吗? 당신은 갑니까?
니 취 마

B
Wǒ qù, nǐ yě qù ma?
我去, 你也去吗?
워 취, 니 예 취 마
저는 갑니다, 당신도 갑니까?

A
Wǒ yě qù.
我也去。 저도 갑니다.
워 예 취

B
Wǒmen yìqǐ qù ba!
我们一起去吧!
워먼 이치 취 바
우리 함께 갑시다!

A
Hǎode.
好的。 좋아요.
하오더

🎺 새로 나온 단어

你 nǐ 당신, 너
吗 ma ~까(의문)
也 yě ~도, 또한
我们 wǒmen 우리

们 men ~들(복수를 나타냄)
一起 yìqǐ 같이, 함께
吧 ba ~하자(청유)
好的 hǎode 좋아, 좋다

3. 주어 + 동사 + 吗?

(주어)는 (동사)합니까?

'吗 ma'는 '~입니까?'라는 뜻의 의문조사로 문장 끝에 와서 의문문을 만든다. 성조는 경성으로 가볍게 말한다.

Nǐ qù ma?
你去吗? 당신은 갑니까?

"당신은 가시겠습니까?"라고 해석해도 된다. "당신도 가시겠습니까?"라고 표현할 때는 "**你也去吗?** Nǐ yě qù ma?"라고 한다.

Nǐ lái ma?
你来吗? 당신은 옵니까? (너는 올 거니?)

4. 주어 + 부사 + 동사 + (吧)!

(주어)는 (부사)(동사) ~합니다(합시다)!

부사 '也 yě'나 '一起 yìqǐ'는 동사 앞에 놓인다. 조사 '吧 ba'는 문장 끝에 와서 제의나 명령 등의 어기를 나타낸다.

Wǒ yě qù.
我也去。 저도 갑니다(가겠습니다).

Wǒmen yìqǐ qù bā!
我们一起去吧！ 우리 함께 갑시다!

🖉 중국 격언

绝不能放弃，世界上没有失败，只有放弃。
Jué bùnéng fàngqì, shìjiè shàng méiyǒu shībài, zhǐyǒu fàngqì.
결코 포기하지 마라. 세상에는 실패는 없고 포기만이 있을 뿐이다.

읽기 연습

1. 녹음 듣고 따라 읽기

① Nǐ qù ma?
Wǒ qù.

② Nǐ yě qù ma?
Wǒ yě qù.

③ Wǒmen yìqǐ qù ba.
hǎode.

2. 다음 문장을 읽어보세요.

① 你去吗?
我去。

② 你也去吗?
我也去。

③ 我们一起去吧。
好的。

잡학 중국어 라이라이 슈퍼마켓

来[lái 라이]는 '오다, 오세요'라는 뜻으로 마카오에 가면 来来超级市场[láilái chāojí shìchǎng 라이라이 츠아오지 스츠앙]이 있다. 번역하면 '오세요 슈퍼마켓'이 된다.
超级市场[chāojí shìchǎng 츠아오지 스츠앙]은 우리발음으로 읽으면 '초급시장' 즉 '슈퍼마켓'을 가리킨다.

1. 다음 간체자자의 발음을 써보세요.

① 去 →　　　　　　　　② 来 →

③ 吗 →　　　　　　　　④ 不 →

2. 다음 문장을 해석하세요.

① 我去。 _____

② 我不去。 _____

③ 你也去吗? _____

④ 我们一起去吧! _____

3. 다음 한어병음을 간체자로 옮기세요.

① Tā qù. _____

② Nǐ qù ma? _____

③ Wǒ yě qù. _____

---

1. ① qù ② lái ③ ma ④ bù
2. ① 저는 갑니다. ② 저는 가지 않습니다. ③ 당신도 갑니까? ④ 우리 함께 갑시다!
3. ① 他去。 ② 你去吗? ③ 我也去。

형용사 술어문 (他很胖)

형용사는 사람이나 사물의 형상·성질·상태 등을 나타내며, 형용사가 술어로 쓰인 문장을 형용사술어문이라고 한다.

 **기본 표현**

Tā hěn pàng.
他很胖。 그는 뚱뚱해요.
타 헌 팡

Zhōngguó cài hěn hǎochī.
中国菜很好吃。
종꿔 차이 헌 하오츠
중국 요리는 아주 맛있어요.

Gèzi bù gāo.
个子不高。 키가 크지 않아요.
꺼쯔 뿌 까오

Hànbǎo bù hǎochī.
汉堡不好吃。 햄버거는 맛이 없어요.
한빠오 뿌 하오츠

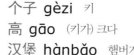 **새로 나온 단어**

很 hěn 매우, 아주
胖 pàng 뚱뚱하다
中国 Zhōngguó 중국
菜 cài 요리, 채소

好吃 hǎochī 맛있다
个子 gèzi 키
高 gāo (키가) 크다
汉堡 hànbǎo 햄버거

1. 주어 + 형용사

(주어)는 (형용사)하다.

형용사가 술어로 쓰인 문장을 형용사 술어문이라고 한다. 동사 술어문과 같이 주어 + 술어의 구조를 가진다.

→ 단음절로 된 형용사가 단독으로 술어가 될 때 통상 그 앞에 부사 '很 hěn'을 쓰지만 이때 글자 본래의 의미인 정도를 강조하는 기능은 거의 없다.

Tā hěn pàng.
他很 胖 。 그는 뚱뚱해요.

Zhōngguó cài hěn hǎochī.
中国 菜 很 好吃。 중국 요리는 아주 맛있어요.

2. 주어 + 不 + 형용사

(주어)는 (형용사)하지 않다.

형용사 앞에 부정부사 '不 bù'가 와서 부정문을 만든다.

Gèzi bù gāo.
个子不高。 키가 크지 않아요.

Hànbǎo bù hǎochī.
汉堡不好吃。 햄버거는 맛이 없어요.

*햄버거는 '汉堡包 hànbǎobāo 한빠오빠오'라고도 부른다. 참고로 맥도널드는 '麦当劳 Màidāngláo 마이땅라오'라고 한다.

A
Tā pàng ma?
他胖吗? 그는 뚱뚱합니까?
타 팡 마

B
Tā bú pàng, hěn shòu.
他不胖, 很瘦。
타 뿌 팡, 헌 서우
그는 뚱뚱하지 않습니다. 말랐어요.

A
Gèzi gāo ma?
个子高吗? 키가 큽니까?
꺼쯔 까오 마

B
Bú tài gāo.
不太高。 별로 크지 않아요.
뿌 타이 까오.

중국 격언

善有善报, 恶有恶报。
Shàn yǒu shàn bào, è yǒu è bào
착한 일을 하면 좋은 결과가 있고, 나쁜 일을 하면 반드시 나쁜 결과가 있다.

새로 나온 단어

瘦 shòu 여위다, 마르다

不太 bútài 별로(그다지) ~않다

3. 주어 + 형용사 + 吗?

(주어)는 (형용사)합니까?

'吗 ma'는 '~합니까?' 또는 '입니까?' 라는 뜻의 의문조사로 문장 끝에 와서 의문문을 만든다.

Tā pàng ma?
他 胖 吗? 그는 뚱뚱합니까?

Gèzi gāo ma?
个子高 吗? 키가 큽니까?

4. 不太 + 형용사

별로 (형용사) ~하지 않다.

부사 '太 tài' 앞에 부정부사 '不 bù'가 오면 '별로 ~하지 않다'의 뜻을 가진다.

Bú tài gāo.
不太高。 별로 크지 않다.

Tā bú tài shòu.
他不太瘦。 그는 별로 마르지 않았다.

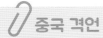 중국 격언

天下无难事，只怕有心人。
Tiānxià wú nánshì, zhǐ pà yǒuxīnrén.
하려는 마음만 있으면, 세상 그 어떤 어려움도 극복할 수 있다.

1. 다음 병음을 읽어보세요.

① Tā pàng ma?

Tā bú pàng.

② Tā shòu ma?

Bú tài shòu.

③ Gèzi gāo ma?

Bú tài gāo.

2. 중국어를 읽어보세요.

① 他胖吗?

他不胖

② 他瘦吗?

不太瘦。

③ 个子高吗?

不太高。

잡학 중국어 중국 4대 요리

중국인이 평생동안 다하지 못하는 3가지

1. 땅이 너무 넓어서 죽기 전에 다 못 가본다.
2. 한자를 다 써보지도 못하고 죽는다.
3. 요리 종류가 너무 많아서 다 못 먹어 본다.

그럼 중국의 대표적인 4대 요리는?

-北京菜[Běijīng cài] 베이징 요리

-上海菜[Shànghǎi cài] 상하이 요리

-广东菜[Guǎngdōng cài] 꽝똥 요리

-四川菜[Sìchuān cài] 쓰촨 요리

1. 다음 간체자자의 발음을 써보세요.

① 很 →   ② 胖 →

③ 瘦 →   ④ 中国 →

⑤ 菜 →   ⑥ 好吃 →

2. 다음 문장을 해석하세요.

① 个子不高。 _____

② 汉堡不好吃。 _____

③ 他很胖。 _____

④ 他不太瘦。 _____

3. 다음 한어병음을 간체자로 옮기세요.

① Gèzi gāo ma? _____

② Zhōngguócài hǎochī ma? _____

③ Hànbǎo hǎochī ma? _____

---

1. ① hěn ② pàng ③ shòu ④ Zhōngguó ⑤ cài ⑥ hǎochī
2. ① 키가 크지 않아요. ② 햄버거는 맛이 없어요. ③ 그는 뚱뚱해요. ④ 그는 별로 마르지 않았어요.
3. ① 个子高吗? ② 中国菜好吃吗? ③ 汉堡好吃吗?

是자문 (我是歌星)

중국어에서 '是동사'는 영어의 be동사에 해당하며 'A是B'는 'A는 B이다'라고 해석한다.

기본 표현

Zhè shì shǒujī.
这是手机。 이것은 휴대전화입니다.
저 스 서우지

Nà bú shì kělè.
那不是可乐。 저것은 콜라가 아닙니다.
나 뿌 스 커러

Wǒ shì gēxīng.
我是歌星。 저는 가수입니다.
워 스 꺼싱

Tā bú shì gēge.
他不是哥哥。 그는 형이 아닙니다.
타 뿌 스 꺼거

새로 나온 단어

这 zhè 이, 이것
是 shì ~이다
手机 shǒujī 휴대전화
那 nà 저것, 그것

可乐 kělè 콜라
歌星 gēxīng 가수
哥哥 gēge 형, 오빠

1. A + 是 + B

A는 B이다.

'**是** shì'는 영어의 be동사에 해당하는 말로, '〜이다'라는 뜻의 판단동사이다. 주어의 위치인 A에는 인칭대사나 지시대사가 올 수 있다.

→ 가까이 있는 것을 가리키는 지시대사: **这** zhè (이, 이것, 이 사람)
멀리 있는 것을 가리키는 지시대사: **那** nà (저, 저것, 저 사람)

Zhè shì shǒujī.
这是**手机**。 이것은 휴대전화입니다.
Wǒ shì gēxīng.
我是**歌星**。 저는 가수입니다.

2. A + 不是 + B

A는 B가 아니다.

'**是** shì'를 부정하려면 '**不是** bú shì'라고 한다.

Nà bú shì kělè.
那不是可乐。 저것은 콜라가 아닙니다.
Tā bú shì gēge.
他不是哥哥。 그는 형이 아닙니다.

실전 회화

A
Zhè shì shén me?
这是什么? 이것은 무엇입니까?
저 스 션머

B
Zhè shì sānD dǎyìnjī.
这是3D打印机。 이것은 3D 프린터입니다.
저 스 싼 디 따인지

A
Nǐ shì yǐngxīng ma?
你是影星吗？ 당신은 영화배우입니까?
니 스 잉싱 마

B
Bú shì, wǒ shì gēxīng.
不是，我是歌星。 아뇨, 저는 가수입니다.
뿌 스, 워 스 꺼싱

3. A ＋ 是 ＋ 什么？

A는 무엇입니까?

'什么 shénme'는 '무엇?'이라는 뜻의 의문대사로, 의문대사를 사용한 의
문문은 기본적으로 진술문과 어순이 같으며, 의문조사 '吗 ma'와 함께 쓰
이지 않는다.

Zhè shì shénme?
这 是 什么? 이것은 무엇입니까?
Nà shì shénme?
那是 什么? 저것은 무엇입니까?

4. A ＋ 是 ＋ B ＋ 吗？

A는 B입니까?

'A 是 B' 문장은 문장 끝에 의문조사 '吗 ma'가 와서 의문문을 만든다.

새로 나온 단어

什么 shénme 무엇   影星 yǐngxīng 영화배우
打印机 dǎyìnjī 프린터

^{Nǐ shì yǐngxīng ma?}
你是 影星 吗? 당신은 영화배우입니까?
^{Nǐ shì gēxīng ma?}
你是 歌星 吗? 당신은 가수입니까?

읽기 연습 🔊

1. 다음 병음을 읽어보세요.

① Zhè shì shénme?

Zhè shì sānD dǎyìnjī.

② Nà shì shénme?

Nà shì kělè.

③ Nǐ shì yǐngxīng ma?

Bú shì, wǒ shì gēxīng.

2. 다음 문장을 읽어보세요.

① 这是什么?

这是3D打印机。

② 那是什么?

那是可乐。

③ 你是影星吗?

不是, 我是歌星。

잡학중국어 이왕이면 다홍치마

발음도 살리고 의미도 살린다.

'콜라'는 중국어로 'cola'를 음역해서 可乐[kělè 커러]라
고 하며, '가히 즐겁다'의 의미도 지닌다. 그럼 콜라의 대
표적인 브랜드인 코카콜라와 펩시콜라는 중국어로 어떻
게 표현하는지 알아보자!

可口可乐[kěkǒu kělè 커커우 커러]: 可口는 '맛있다'는 의
미도 되면서 'coca'와 발음도 비슷하다.

百事可乐[bǎishì kělè 빠이스 커러]: 百事는 '모든 일'의
의미도 되면서 'pepsi'와 발음도 비슷하다.

1. 다음 한자의 병음을 써보세요.

① 这 →   ② 是 →

③ 手机 →   ④ 那 →

⑤ 歌星 →   ⑥ 哥哥 →

2. 다음 문장을 해석하세요.

① 那不是可乐。 _____

② 我是歌星。 _____

③ 这是3D打印机。 _____

④ 不是，我是歌星。 _____

3. 다음 한어병음을 간체자로 옮기세요.

① Zhè shì shénme? _____

② Nǐ shì yǐngxīng ma? _____

③ Tā bú shì gēge. _____

---

1. ① zhè ② shì ③ shǒujī ④ nà ⑤ gēxīng ⑥ gēge
2. ① 저것은 콜라가 아닙니다.   ② 저는 가수입니다.   ③ 이것은 3D 프린터입니다.
   ④ 아뇨, 저는 가수입니다.
3. ① 这是什么? ② 你是影星吗? ③ 他不是哥哥。

명사 술어문(今天八号)

명사는 사람이나 사물 및 시간·장소·방위 등을 나타내며, 사물명사나 수량사가 문장의 술어가 되는 문장을 명사 술어문이라고 한다.

기본 표현

Jīntiān bā hào.
今天八号。 오늘은 8일입니다.
진티엔 빠 하오

Xiànzài jiǔ diǎn.
现在九点。 지금은 아홉 시입니다.
시엔짜이 지우 띠엔

Míngtiān bú shì xīngqīliù.
明天不是星期六。 내일은 토요일이 아닙니다.
밍티엔 뿌 스 싱치리우

Tā bú shì èrshíyī suì.
她不是二十一岁。 그녀는 스물한 살이 아닙니다.
타 뿌 스 얼스이 쒜이

새로 나온 단어

今天 jīntiān 오늘	六 liù 6, 여섯
八 bā 8, 여덟	星期六 xīngqīliù 토요일
号 hào 일(日)	她 tā 그녀
现在 xiànzài 지금, 현재	二 èr 2, 둘
九 jiǔ 9, 아홉	十 shí 10, 열
点 diǎn 시(時)	一 yī 1, 하나
明天 míngtiān 내일	岁 suì 살, 세
星期 xīngqī 요일	

1. 주어 + 명사 술어

(주어)는 (명사)이다.

명사나 수량사가 문장의 술어가 되는 문장을 명사술어문이라고 하며, '시간 · 날짜 · 요일 · 연령' 등을 나타낼 때 쓴다. 이때 술어 부분에 '是'를 생략한다.

> Jīntiān bā hào.
> 今天八号。 오늘은 8일입니다.
> Xiànzài jiǔ diǎn.
> 现在九点。 지금은 아홉 시입니다.

2. 주어 + 不是 + 명사 술어

(주어)는 (명사)가 아니다.

명사 술어가 오는 경우라도 부정할 때는 명사 술어 앞에 '不是'를 붙여야 한다.

> Míngtiān bú shì xīngqīliù.
> 明天不是星期六。 내일은 토요일이 아닙니다.
> Tā bú shì èrshíyī suì.
> 她不是二十一岁。 그녀는 스물한 살이 아닙니다.

실전 회화

A
> Jīntiān jǐ hào?
> 今天几号? 오늘은 며칠입니까?
> 진티엔 지 하오

B
> Jīntiān wǔyuè èrshí hào.
> 今天五月二十号。 오늘은 5월 20일입니다.
> 진티엔 우 위에 얼스 하오

A

Xiànzài   jǐ diǎn?

现在几点? 지금 몇 시입니까?

시엔짜이 지 띠엔

B

Xiànzài liǎng diǎn bàn.

现在两点半。 지금 두 시 반입니다.

시엔짜이 리앙 띠엔 빤

3. 주어 + 几 + 명사?

(주어)는 몇(명사)입니까?

'几 jǐ'는 '몇?'이라는 뜻의 수사로, 주로 10 이하 한 자리 수량을 물을 때 쓰인다.

Jīntiān jǐ hào?
今天几 号? 오늘 며칠입니까?

Xiànzài jǐ diǎn?
现在几 点? 지금 몇 시입니까?

Míngtiān xīngqī jǐ?
明天 星期几? 내일은 무슨 요일입니까?

→ 요일을 물을 때는 '几星期？'가 아니라 '星期几？'이다.

새로 나온 단어

几 jǐ 몇

五 wǔ 5, 다섯

月 yuè 월(月), 달

两 liǎng 2, 둘

半 bàn 반, 절반

4. '二'과 '两'

일반적으로 숫자를 셀 때는 '二 èr'을 쓰고, 2가 단독으로 양사 앞에 오면
'两 liǎng'을 쓴다.

Jīntiān wǔyuè èrshí hào.
今天五月二十号。 오늘은 5월 20일입니다.

Xiànzài liǎng diǎn bàn.
现在 两 点 半。 지금 2시 반입니다.

1. 다음 병음을 읽어보세요.

　① Jīntiān jǐ hào?

　　Jīntiān wǔ yuè èrshí hào.

　② Xiànzài jǐ diǎn?

　　Xiànzài liǎng diǎn bàn.

　③ Tā jǐ suì?

　　Tā shí suì.

2. 다음 문장을 읽어보세요.

　① 今天几号?

　　今天五月二十号。

　② 现在几点?

　　现在两点半。

　③ 他几岁?

　　他十岁。

 중국에서도 月火水木金土日?

중국에서 요일은 우리와는 달리 '요일'을 나타내는 **星期**
[xīngqī 싱치] 뒤에 숫자 '一~六'을 붙여서 '월요일~토요일'
을 나타내며, 일요일은 **星期** 뒤에 '日[rì 르으]' 혹은 '天[tiān
티엔]'을 붙여 나타낸다.

1. 다음 간체자자의 발음을 써보세요.

① 今天 → ② 现在 →

③ 星期 → ④ 岁 →

⑤ 几 → ⑥ 两 →

2. 다음 문장을 해석하세요.

① 今天几号? _____

② 现在几点? _____

③ 你几岁? _____

④ 明天星期几? _____

3. 다음 한어병음을 간체자로 옮기세요.

① Jīntiān wǔ yuè èrshí hào. _____

② Xiànzài liǎng diǎn bàn. _____

③ Tā èrshíyī suì. _____

---

1. ① jīntiān   ② xiànzài   ③ xīngqī   ④ suì   ⑤ jǐ   ⑥ liǎng
2. ① 오늘은 며칠입니까?   ② 지금 몇 시입니까?   ③ 너는 몇 살이니?   ④ 내일은 무슨 요일입니까?
3. ① 今天五月二十号。 ② 现在两点半。 ③ 他二十一岁。

有자문(家里有事)

'有 yǒu 여우'는 '있다'라는 뜻으로, 有동사는 주로 소유나 존재를 나타낸다.

기본 표현

Wǒ yǒu píngbǎn diànnǎo.
我有平板 电脑。 저는 태블릿 PC가 있습니다.
워 여우 핑빤 띠엔나오

Tā méiyǒu gēge.
她没有哥哥。 그녀는 오빠가 없습니다.
타 메이여우 꺼거

Jiāli yǒu shì.
家里有事。 집에 일이 있습니다.
지아리 여우 스

Wǒmen gōngsī méiyǒu kuàijì.
我们公司没有会计。
워먼 꽁쓰 메이여우 콰이지
우리 회사에는 회계원이 없습니다.

새로 나온 단어

有 yǒu 가지고 있다, 있다
平板 píngbǎn 평평하다
电脑 diànnǎo 컴퓨터
没有 méiyǒu 갖고 있지 않다, 없다

家里 jiāli 집(안), 가정
事 shì 일, 사건
公司 gōngsī 회사
会计 kuàijì 회계원, 회계

1. 주어 + 有 + 사물/사람

이때 '有 yǒu'는 소유를 나타내며, '가지고 있다, 소유하다'의 뜻이다. 부정할 때는 '有' 앞에 '没 méi'를 붙이면 된다.

Wǒ yǒu píngbǎn diànnǎo.
我 有 平板 电脑。 저는 태블릿 PC가 있습니다.

Tā méiyǒu gēge.
她 没有 哥哥。 그녀는 오빠가 없습니다.

→ '没 méi' 대신 '不 bù'를 써서는 안 된다.

2. 장소 + 有 + 사물/사람

이때 '有 yǒu'는 존재를 나타내며, '~에 ~이 있다'의 뜻을 가지며, 부정을 나타낼 때는 '有 yǒu' 앞에 '没 méi'를 붙이면 된다. '没 méi' 대신 '不 bù'를 써서는 안 된다.

Jiāli yǒu shì.
家里 有 事。 집에 일이 있습니다.

Wǒmen gōngsī méiyǒu kuàijì.
我们 公司 没有 会计。 우리 회사에는 회계원이 없습니다.

→ '~가 있다'는 존재를 말할 때는 在와 有가 사용된다. 在는 장소 앞에 둔다.

사람/사물 + 在 + 장소 : ~은 ~에 있다.

Dìdi zài jiā
弟弟 在 家。 남동생은 집에 있다.

A
Nǐ yǒu lányá ěrjī ma?
你有蓝牙耳机吗?
니 여우 란야 얼지 마
너 블루투스 이어폰 있니?

B
Wǒ méiyǒu lányá ěrjī.
我没有蓝牙耳机。
워 메이여우 란야 얼지
저는 블루투스 이어폰이 없습니다.

A
Nǐmen gōngsī yǒu shítáng ma?
你们公司有食堂吗?
니먼 꽁쓰 여우 스탕 마
너희 회사에 구내식당이 있니?

B
Wǒmen gōngsī méiyǒu shítáng.
我们公司没有食堂。
워먼 꽁쓰 메이여우 스탕
저희 회사에는 구내 식당이 없습니다.

새로 나온 단어

蓝牙 lányá 블루투스(bluetooth)
耳机 ěrjī 이어폰
你们 nǐmen 너희, 당신들

食堂 shítáng 구내 식당 (일반적인 식당이나 레스토랑은 '餐厅 cāntīng 찬팅'이라고 한다.

3. 주어(사람/장소) + 有 + 사물/사람 + 吗?

'有 yǒu'자문의 의문문 만드는 방법은 의문조사 '吗 ma'를 문장 끝에 붙이면 된다.

Nǐ yǒu lányá ěrjī ma?
你有蓝牙耳机吗? 너 블루투스 이어폰 있니?

Nǐmen gōngsī yǒu shítáng ma?
你们公司 有 食堂 吗? 너희 회사에 구내식당이 있니?

교체 연습

Nǐ yǒu | nán péngyou | ma?
你有 | 男 朋友 | 吗? 남자 친구 있니?

nǚ péngyou
女 朋友 여자 친구 있니?

dìdi
弟弟 남동생 있니?

shí jiān
时间 시간 있니?

새로 나온 단어

男朋友 **nán péngyou** 남자 친구, 애인   弟弟 **dìdi** 남동생
女朋友 **nǚ péngyou** 여자 친구, 애인   时间 **shíjiān** 시간

1. 다음 병음을 읽어보세요.

① Nǐ yǒu lányá ěrjī ma?

Wǒ méiyǒu lányá ěrjī.

② Nǐmen gōngsī yǒu shítáng ma?

Wǒmen gōngsī méiyǒu shítáng.

③ Jiāli yǒu shì ma?

Jiāli méiyǒu shì.

2. 다음 문장을 읽어보세요.

① 你有蓝牙耳机吗?

我没有蓝牙耳机。

② 你们公司有食堂吗?

我们公司没有食堂。

③ 家里有事吗?

家里没有事。

잡학중국어 남사친? 애인?

男朋友[nán péngyou 난펑여우]나 女朋友[nǚ péngyou 뉘펑여우]는 '애인'을 뜻하는 '情人[qíngrén 칭르언]'의 의미이다.

-男的朋友[nán de péngyou 난 더 펑여우] 남자사람 친구
-女的朋友[nǚ de péngyou 뉘 더 펑여우] 여자 사람 친구
-爱人[àiren 아이르언]은 '남편, 아내'의 뜻으로 쓰이며, 부부 사이에 상대에 대한 호칭으로도 쓰인다.

1. 다음 간체자자의 발음을 써보세요.

① 公司 →　　　　　② 电脑 →

③ 家里 →　　　　　④ 没有 →

⑤ 食堂 →　　　　　⑥ 耳机 →

2. 다음 문장을 해석하세요.

① 你们公司有食堂吗?＿＿＿＿＿＿＿＿＿＿＿

② 家里有事吗? ＿＿＿＿＿＿＿＿＿＿＿＿＿＿

③ 你有男朋友吗? ＿＿＿＿＿＿＿＿＿＿＿＿＿

④ 你们公司有会计吗? ＿＿＿＿＿＿＿＿＿＿

3. 다음 한어병음을 간체자로 옮기세요.

① Wǒmen gōngsī méiyǒu shítáng.＿＿＿＿＿＿

② Jiāli méiyǒu shì.＿＿＿＿＿＿＿＿＿＿＿＿＿

③ Wǒ méiyǒu nán péngyou.＿＿＿＿＿＿＿＿

1. ① gōngsī　② diànnǎo　③ jiāli　④ méiyǒu　⑤ shítáng　⑥ ěrjī
2. ① 너희 회사에 구내식당이 있니?　② 집에 일이 있습니까?　③ 남자 친구 있니?
　④ 너희 회사에 회계원 있니?
3. ① 我们公司没有食堂。　② 家里没有事。　③ 我没有男朋友。

대사 (我喜欢她)

대사는 '대신할 代'에 '말씀 詞', 바로 다른 품사를 대신하는 말이며 문장 속에서의 역할은 대체로 명사와 유사하다. 중국어에서 대사는 명사·동사·형용사·수사 등 다양한 품사를 대신하므로 대사 전체를 대명사라고 한정해서 말하면 잘못된 표현이다.

기본 표현

Tā shì yǎnyuán.
他是演员。 그는 배우입니다.
타 스 옌위앤

Nǐ shēntǐ zěnmeyàng?
你身体怎么样? 건강은 어떠세요?
니 션티 쩐머양

Wǒ xǐhuan tā.
我喜欢她。 저는 그녀를 좋아합니다.
워 시환 타

Nín qù nǎr?
您去哪儿? 어디 가십니까?
닌 취 날

새로 나온 단어

演员 yǎnyuán 배우, 연기자
身体 shēntǐ 건강, 몸
怎么样 zěnmeyàng 어때요?
喜欢 xǐhuan 좋아하다
您 nín 당신, 선생님('你'의 존칭)

哪儿 nǎr 어디, 어느 곳
这个 Zhège 이, 이것
怎么 zěnme 어떻게, 왜
吃 chī 먹다
那儿 nàr 저곳, 저기

Zhège cài zěnme chī?

这个菜怎么吃？ 이 요리는 어떻게 먹습니까?

저거 차이 쩐머 츠으

Shítáng zài nàr.

食堂在那儿。 구내 식당은 저기에 있습니다.

스탕 짜이 날

문장 살펴보기

1. 대사의 종류와 쓰임

(1) 인칭대사: 사람이나 사물을 대신 가리키는 말로, 문장 속에서의 역할
은 대체로 명사와 유사하여 주어나 목적어 등으로 쓰인다.

我 wǒ 나 　　　　　　　我们 wǒmen 우리

你 nǐ 당신 　　　　　　你们 nǐmen 당신들

他(她) tā 그(그녀) 　　　他(她)们 tāmen 그(그녀)들

您 nín 선생님('你'의 존칭) 　咱们 zánmen 우리

它 tā 그것, 저것 　　　　它们 tāmen 그것들, 저것들

Tā shì yǎnyuán.

他是 演员 。 그는 배우입니다.

Wǒ xǐhuan tā.

我 喜欢他。 저는 그를 좋아합니다.

(2) 의문대사: 의문의 뜻을 내포한 대사로 의문문을 만들 수 있으며, 문장
속에서의 역할은 술어나 부사어 등으로 쓰인다. 의문대사가 쓰인 문장
에는 吗를 넣을 수 없다.

谁 shéi 누구 　　　　　什么 shénme 무슨

哪儿 nǎr 어디 　　　　　多少 duōshao 얼마, 몇

怎么样 zěnmeyàng 어떠냐? 　为什么 wèishénme 왜

^{Nǐ shēntǐ zěnmeyàng?}
你身体 怎么样? 건강은 어떠세요?

^{Nín qù nǎr?}
您去 哪儿? 어디 가세요?

중국어는 존칭 표현이 거의 없으나, '您 nín'은 '你 nǐ'의 존칭으로, 자신보다 꽤 연장자인 경우나 예의를 갖추어야 하는 경우에 쓴다.

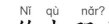
실전 회화

A
^{Tā shì shéi?}
他是谁? 그는 누구인가요?
타 스 쉐이

B
^{Tā shì ǒuxiàng.}
他是偶像。
타 스 오우샹

그는 아이돌이에요.

A
^{Nǐ qù nǎr?}
你去哪儿? 어디 가세요?
니 취 나알

B
^{Wǒ qù cāntīng.}
我去餐厅。 저는 식당에 가요.
워 취 찬팅

새로 나온 단어

谁 shéi 누구 　　　　　　餐厅 cāntīng 식당, 레스토랑

偶像 ǒuxiàng 아이돌(idol), 우상

A
Cāntīng zài nǎr?
餐厅在哪儿? 식당은 어디에 있나요?
찬팅 짜이 나알

B
Cāntīng zài nàr.
餐厅在那儿。 식당은 저기에 있습니다.
찬팅 짜이 날

문장 살펴보기

(3) 지시대사: 사람이나 사물 혹은 방향이나 위치 등을 가리키며, 문장 속
에서의 역할은 주어나 술어, 부사어 등으로 쓰인다.

这(个) zhè(ge) 이(것)	那(个) nà(ge) 저(것)
这些 zhèxiē 이것들	那些 nàxiē 저것들
这里 zhèli 이곳, 여기	那里 nàli 저곳, 저기
这儿 zhèr 이곳, 여기	那儿 nàr 저곳, 저기

Zhège cài zěnme chī?
这个 菜 怎么 吃? 이 요리는 어떻게 먹습니까?

Shítáng zài nàr
食堂 在那儿。 구내 식당은 저기에 있습니다.

*在는 '~에 있다'라는 뜻인데 존재를 말할 때는 在와 有가 사용된다.

 아이돌

偶像[ǒuxiàng 오우샹]은 원래 '우상'이라는 뜻이지
만, 현재는 '아이돌(idol)'의 의미로도 쓰이며, 음역
으로 爱豆[àidòu 아이떠우]라고도 한다.

'한류 스타'는 韩流明星[Hánliú míngxīng 한리우 밍
싱]이라고 한다

Wǒ qù **我去** 餐厅 cāntīng 。　저는 식당에 가요.

chāoshì
超市　저는 마트에 가요.

yīyuàn
医院　저는 병원에 가요.

shāngchǎng
商场　저는 쇼핑센터에 가요.

읽기 연습

1. 다음 병음을 읽어보세요.

① Tā shì shéi?
　Tā shì ǒuxiàng.

② Nǐ qù nǎr?
　Wǒ qù cāntīng.

③ Cāntīng zài nǎr?
　Cāntīng zài nàr.

2. 다음 문장을 읽어보세요.

① 他是谁?
　他是偶像。

② 你去哪儿?
　我去餐厅。

③ 餐厅在哪儿?
　餐厅在那儿。

새로 나온 단어

超市 chāoshì　마트, 슈퍼마켓　　　商场 shāngchǎng　쇼핑센터
医院 yīyuàn　병원

1. 다음 간체자자의 발음을 써보세요.

① 演员 →   ② 身体 →

③ 餐厅 →   ④ 喜欢 →

⑤ 哪儿 →   ⑥ 超市 →

2. 다음 문장을 해석하세요.

① 他是谁? _____

② 你去哪儿? _____

③ 你身体怎么样? _____

④ 我去超市。 _____

3. 다음 한어병음을 간체자로 옮기세요.

① Tā shì yǎnyuán. _____

② Zhège cài zěnme chī? _____

③ Wǒ xǐhuan tā. _____

---

1. ① yǎnyuán ② shēntǐ ③ cāntīng ④ xǐhuan ⑤ nǎr ⑥ chāoshì
2. ① 그는 누구인가요? ② 어디 가세요? ③ 건강은 어떠세요? ④ 저는 마트에 가요.
3. ① 他是演员。 ② 这个菜怎么吃? ③ 我喜欢他。

동사 1 (我看电视)

동사는 '움직일 動'에 '말씀 詞', 즉 동작을 나타내는 말로, 문장 속에서 주로 술어 성분으로 쓰인다.

기본 표현 📖

Wǒ kàn diànshì.
我看电视。 나는 텔레비전을 봅니다.
워 칸 띠엔스

Wǒ xiě Hànzì.
我写汉字。 나는 한자를 씁니다.
워 시에 한쯔

Zuótiān shēng háizi le.
昨天 生 孩子了。
쭈어티엔 성 하이쯔 러
어제 아이를 낳았습니다.

Qíngkuàng biàn le.
情况 变了。 상황이 변했습니다.
칭쾅 삐엔 러

새로 나온 단어

看 kàn 보다, 읽다
电视 diànshì 텔레비전
写 xiě 글씨를 쓰다
汉字 Hànzì 한자
昨天 zuótiān 어제

生 shēng 낳다, 생기다
孩子 háizi 아이
了 le ~했다 (동작의 완료, 완성)
情况 qíngkuàng 상황, 형편
变 biàn 변하다, 변화하다

1. 동작 행위를 나타내는 동사

동작이나 행위를 나타내는 동사로, 대다수의 동사가 이에 속한다.

看 kàn 보다   听 tīng 듣다

写 xiě 쓰다   说 shuō 말하다

走 zǒu 가다   坐 zuò 앉다, 타다

Wǒ kàn shìpín.
我 看 视频。 나는 동영상을 봅니다.

Wǒ xiě Hànzì.
我 写 汉字。 나는 한자를 씁니다.

2. 변화 발전을 나타내는 동사

변화나 발전을 나타내는 동사 술어 뒤에는 목적어가 나오기도 하고 나오지 않기도 한다.

生 shēng 살다, 낳다   死 sǐ 죽다

变 biàn 변하다   发展 fāzhǎn 발전하다

Zuótiān shēng háizi le.
昨天 生 孩子了。 어제 아이를 낳았습니다.

Qíngkuàng biàn le.
情况 变了。 상황이 변했습니다.

了는 문장 끝에 와서, 동작의 완료 또는 상황의 변화를 나타낸다.

실전 회화

Nǐ kàn shénme?
A 你看什么? 뭘 보세요?
니 칸 선머

B
Wǒ kàn shìpín.
我看视频。 나는 동영상을 봐요.
워 칸 스핀

A
Nǐ jiějie shēng háizi le ma?
你姐姐生孩子了吗?
니 지에지에 성 하이쯔 러 마
당신 언니는 아이를 낳았나요?

B
Zuótiān shēng le.
昨天生了。 어제 낳았습니다.
쭈어티엔 성 러

3. 동사의 문법적 특징

(1) 동사 앞에 부정부사가 와서 부정문을 만든다.

Wǒ bú qù le.
我不去了。 나는 가지 않겠다.

(2) 동사의 긍정과 부정 형식을 병렬하여 정반(正反)의문문을 만든다.

Nǐ qù bu qù?
你去不去? 너는 갈 거니 안 갈 거니?

→ 이때 문장 끝에 의문조사 '吗'를 쓰면 안 된다.

(3) 문장 끝에 의문조사 '吗'를 써서 의문문을 만든다.

Nǐ qù ma?
你去吗? 당신은 갑니까?

새로 나온 단어

视频 shìpín 동영상
姐姐 jiějie 언니, 누나

昨天 zuótiān 어제

Wǒ kàn 我 看 视频。 저는 동영상을 봅니다.

diànyǐng
电影 저는 영화를 봅니다.

diànshìjù
电视剧 저는 TV 드라마를 봅니다.

mànhuà
漫画 저는 만화를 봅니다.

읽기 연습

1. 다음 병음을 읽어보세요.

① Nǐ kàn shénme?
Wǒ kàn shìpín.

② Nǐ jiějie shēng háizi le ma?
Zuótiān shēng le.

③ Nǐ qù bu qù?
Wǒ bú qù, tā qù.

새로 나온 단어

电影 diànyǐng 영화   漫画 mànhuà 만화
电视剧 diànshìjù 연속극, 드라마

2. 다음 문장을 읽어보세요.

① 你看什么?

我看视频。

② 你姐姐生孩子了吗?

昨天生了。

③ 你去不去?

我不去, 他去。

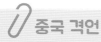 중국 격언

过去的痛苦 就是快乐。
Guòqù de tòngkǔ jiùshì kuàilè.
지나간 고통은 즐거움이다.

 한국 드라마

韩国电视剧[Hánguó diànshìjù 한꿔 띠엔스쥐]를 줄여서 韩剧[Hánjù 한쥐]라고 한다.
한류 드라마 중 대표적인 세 편을 중국어로 어떻게 표현하는지 알아보자.

-별에서 온 그대《来自星星的你 Láizì xīngxing de
　nǐ 라이쯔 싱싱 더 니》
-사랑이 뭐길래《爱情是什么 Àiqíng shì shénme
　아이칭 스 선뭐》
-보고 또 보고《看了又看 Kàn le yòu kàn 칸 러 여우
　칸》

1. 다음 간체자자의 발음을 써보세요.

① 视频 →   ② 看 →

③ 汉字 →   ④ 写 →

⑤ 孩子 →   ⑥ 情况 →

2. 다음 문장을 해석하세요.

① 你看什么? _____

② 你写什么? _____

③ 你去不去? _____

④ 我不去，他去。_____

3. 다음 한어병음을 간체자로 옮기세요.

① Wǒ kàn shìpín. _____

② Zuótiān shēng háizi le. _____

③ Qíngkuàng biàn le. _____

---

1. ① shìpín ② kàn ③ Hànzì ④ xiě ⑤ háizi ⑥ qíngkuàng
2. ① 뭘 보세요? ② 뭘 쓰세요? ③ 너는 가니 안 가니? ④ 나는 가지 않고 그가 가.
3. ① 我看视频。 ② 昨天生孩子了。 ③ 情况变了。

동사 2 (他还没来)

동사 술어 뒤에는 주로 목적어가 오며, 부정문을 만들려면 '**不**'나 '**没**'를 동사 앞에 둔다.

기본 표현

Wǒ xǐhuan xiǎogǒu.
我喜欢小狗。 저는 강아지를 좋아합니다.
워 시환 샤오꺼우

Wǒmen xiǎng bànfǎ ba.
我们 想 办法吧。 우리 방법을 생각해 봐요.
워먼 샹 빤파 바

Jīntiān bú qù xuéxiào.
今天不去学校。
진티엔 뿌 취 쉐샤오
오늘은 학교에 가지 않아요.

Tā hái méi lái.
他还没来。
타 하이 메이 라이
그는 아직 오지 않았습니다.

새로 나온 단어

小狗 xiǎogǒu 강아지
想 xiǎng 생각하다
办法 bànfǎ 방법

学校 xuéxiào 학교
还 hái 아직
没 méi ~않다

1. 심리 활동을 나타내는 동사

심리 활동, 즉 마음의 상태나 움직임을 나타내는 동사이다.

喜欢 xǐhuan 좋아하다   **爱** ài 사랑하다

希望 xīwàng 바라다   **想** xiǎng 생각하다

Wǒ   xǐhuan xiǎogǒu.
我 喜欢 小狗。 저는 강아지를 좋아합니다.

Wǒmen xiǎng bànfǎ ba.
我们 想 办法 吧。 우리 방법을 생각해 봐요.

2. 방향을 나타내는 동사

방향을 나타내는 동사 술어 뒤에는 목적어가 나오기도 하고 나오지 않기도 한다.

来 lái 오다   **去** qù 가다

上 shàng 오르다   **下** xià 내리다

进 jìn 들어가다   **出** chū 나오다

Jīntiān bú qù xuéxiào.
今天不去学校。 오늘 학교에 가지 않아요.

Tā hái méi lái.
他 还 没 来。 그는 아직 오지 않았습니다.

실전 회화

A
Nǐ   xǐhuan   shuàigē ma?
你喜欢帅哥吗? 꽃미남을 좋아하세요?
니 시환 솨이꺼 마

B
Wǒ bù   xǐhuan   shuàigē.
我不喜欢帅哥。 저는 꽃미남 안 좋아해요.
워 뿌 시환 솨이꺼

A 　他来了吗? 그가 왔나요?

Tā lái le ma?

타 라이 러 마

B 　他还没来。 그는 아직 오지 않았어요.

Tā hái méi lái.

타 하이 메이 라이

A 　今天不去学校吗? 오늘 학교에 안 가요?

Jīntiān bú qù xuéxiào ma?

진티엔 뿌 취 쉬에샤오 마

B 　今天不去学校。 오늘은 학교에 가지 않아요.

Jīntiān bú qù xuéxiào.

진티엔 뿌 취 쉬에샤오

3. 동사의 시제 표현 (1)

중국어의 동사는 시제에 따른 변화형이 없는 대신 몇 가지 방법으로 시제를 표현한다.

■ 완료: 문장 끝에 '了 le'를 쓴다.

완료의 부정은 '了 le'를 빼고 동사 앞에 '没(有) méi(yǒu)'를 붙인다.

他来了。 그가 왔습니다.

Tā lái le.

他还没来。 그는 아직 오지 않았어요.

Tā hái méi lái.

새로 나온 단어

帅哥 shuàigē 꽃미남　　　　　学校 xuéxiào 학교

Nǐ xǐhuan ｜xiǎogǒu｜ ma?
你喜欢 ｜小狗｜ 吗? 　　강아지를 좋아하세요?

shùxué
数学 　　수학을 좋아하세요?

wénxué
文学 　　문학을 좋아하세요?

lǚyóu
旅游 　　여행을 좋아하세요?

읽기 연습

1. 다음 병음을 읽어보세요.

① Nǐ xǐhuan shuàigē ma?

　Wǒ bù xǐhuan shuàigē.

② Tā lái le ma?

　Tā hái méi lái.

③ Jīntiān bú qù xuéxiào ma?

　Jīntiān bú qù xuéxiào.

새로 나온 단어

数学 shùxué　수학　　　　　旅游 lǚyóu　여행(하다)
文学 wénxué　문학

2. 다음 문장을 읽어보세요.

① 你喜欢帅哥吗?

　我不喜欢帅哥。

② 他来了吗?

　他还没来。

③ 今天不去学校吗?

　今天不去学校。

 중국 격언

心之所愿，无所不成。

Xīn zhī suǒ yuàn, wúsuǒ bùchéng.

강한 의지 앞에 불가능이란 없다.

 꽃미남

帅[shuài 솨이]는 '잘생기다, 멋지다', 哥[gē 꺼]는 '형, 오빠'의 뜻이다. 帅哥[shuàigē 솨이꺼]는 '꽃미남'이라는 뜻의 신조어이다.

다음 신조어도 알아두자.

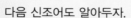

－白富美[báifùměi 빠이푸메이] 엄친딸

－高富帅[gāofùshuài 까오푸솨이] 엄친아

1. 다음 간체자자의 발음을 써보세요.

① 小狗 →　　　　　　　② 学校 →

③ 数学 →　　　　　　　④ 想 →

⑤ 办法 →　　　　　　　⑥ 还 →

2. 다음 문장을 해석하세요.

① 你喜欢文学吗? _____

② 他还没来。 _____

③ 我们想办法吧。 _____

④ 你喜欢帅哥吗? _____

3. 다음 한어병음을 간체자로 옮기세요.

① Tā lái le ma? _____

② Jīntiān bú qù xuéxiào. _____

③ Wǒ hěn xǐhuan shùxué. _____

---

1. ① xiǎogǒu　② xuéxiào　③ shùxué　④ xiǎng　⑤ bànfǎ　⑥ hái
2. ① 문학을 좋아하세요?　② 그는 아직 오지 않았다.　③ 우리 방법을 생각해 봐요.
　④ 꽃미남을 좋아하세요?
3. ① 他来了吗?　② 今天不去学校。③ 我很喜欢数学。

동사 3 (我今天休息)

자동사 뒤에는 목적어가 올 수 없으며, 타동사 뒤에는 목적어가 오는데 많은 동사가 타동사에 속한다.

기본 표현

Wǒ jīntiān xiūxi.
我今天休息。 저는 오늘 쉽니다.
워 진티엔 시우시

Wǒ yǐjing chūfā le.
我已经出发了。 저는 이미 출발했습니다.
워 이징 츠우파 러

Tā kàn shénme?
他看什么?
타 칸 선뭐
그는 무엇을 보나요?

Wǒ chīguo mǎkǎlóng.
我吃过马卡龙。
타 츠으꿔 마카롱
저는 마카롱을 먹어본 적이 있습니다.

새로 나온 단어

休息 xiūxi 쉬다, 휴식하다
已经 yǐjing 이미, 벌써
出发 chūfā 출발하다

过 guo ~한 적이 있다(경험)
马卡龙 mǎkǎlóng 마카롱

4. 주어 + 자동사

자동사 뒤에는 목적어가 올 수 없으며, 주어와 술어만으로 문장이 성립한
다. 다음 동사는 자동사로 뒤에 목적어가 나올 수 없다.

休息 xiūxi 휴식하다   病 bìng 병나다

恋爱 liàn'ài 연애하다   飞 fēi 날다

出发 chūfā 출발하다   睡觉 shuìjiào 자다

Wǒ jīntiān xiūxi.
我 今天休息。 저는 오늘 쉽니다.

Wǒ yǐjing chūfā le.
我已经出发了。 저는 이미 출발했습니다.

5. 주어 + 타동사 + 목적어

타동사 뒤에는 목적어가 오는데 위의 일부 자동사를 빼고는 대부분의 동
사가 타동사에 속한다. 타동사 뒤에는 목적어가 나오는데 이때 목적어로
는 주로 명사나 대명사가 온다.

看 kàn 보다   听 tīng 듣다

写 xiě 쓰다   吃 chī 먹다

爱 ài 사랑하다   喜欢 xǐhuan 좋아하다

Tā kàn shénme?
他看 什么？ 그는 무엇을 보나요?

Wǒ chīguo mǎkǎlóng.
我 吃过 马卡龙。 저는 마카롱을 먹어본 적이 있습니다.

A
Bàba zuò shénme?
爸爸做什么? 아빠는 뭐 하시니?
빠바 쭈어 선머

B
Bàba zhèngzài kàn liúyán ne.
爸爸正在看留言呢。 댓글 보고 계셔.
빠바 정짜이 칸 리우옌 너

A
Māma zài shuìjiào ma?
妈妈在睡觉吗? 엄마는 주무시고 계시니?
마마 짜이 쉐이쨔오 마

B
Māma méi shuìjiào, zài xiūxi.
妈妈没睡觉,在休息。
마마 메이 쉐이쨔오, 짜이 시우시
엄마는 주무시지 않고, 쉬고 계셔.

A
Nǐ chīguo mǎkǎlóng ma?
你吃过马卡龙吗? 마카롱 먹어본 적 있니?
니 츠으꿔 마카롱 마

B
Wǒ méi chīguo mǎkǎlóng.
我没吃过马卡龙。 난 마카롱 먹어본 적 없어.
워 메이 츠으꿔 마카롱

새로 나온 단어

爸爸 bàba 아빠, 아버지
做 zuò 하다, 일하다, 만들다
正在 zhèngzài ~하고 있다
留言 liúyán 댓글

呢 ne ~하고 있다(동작/ 상태의 지속)
妈妈 māma 엄마, 어머니
在 zài 마침 ~하고 있다
睡觉 shuìjiào 잠자다

6. 동사의 시제 표현(2)

(2) 진행: 부사 '正在 zhèng'나 '在 zài'를 쓰거나, 어기조사 '呢 ne'를 쓴다.
진행의 부정은 '不'가 아니라 '没'로 한다.

Bàba zhèngzài kàn liúyán ne.
爸爸 正在 看 留言 呢。 아빠는 댓글 보고 계셔.

Māma méi shuìjiào, zài xiūxi.
妈妈 没 睡觉, 在休息。 엄마는 주무시지 않고, 쉬고 계셔.

(3) 경험: 동사 뒤에 '过 guo'를 쓴다.
경험의 부정도 '不'가 아니라 '没 méi'로 한다.

Wǒ méi chīguo mǎkǎlóng
我 没 吃过 马卡龙。 마카롱 먹어본 적 없어요.

교체 연습

Tā kàn shénme?
他 看 什么? 그는 무엇을 보나요?

tīng
听 그는 무엇을 듣나요?

shuō
说 그는 뭐라고 말해요?

hē
喝 그는 무엇을 마셔요?

새로 나온 단어

听 tīng 듣다   喝 hē 마시다
说 shuō 말하다

1. 다음 병음을 읽어보세요.

① Bàba zuò shénme?

　　Bàba zhèngzài kàn liúyán ne.

② Māma zài shuìjiào ma?

　　Māma méi shuìjiào, zài xiūxi.

③ Nǐ chīguo mǎkǎlóng ma?

　　Wǒ méi chīguo mǎkǎlóng.

2. 다음 문장을 읽어보세요.

① 爸爸做什么?

　　爸爸正在看留言呢。

② 妈妈在睡觉吗?

　　妈妈没睡觉，在休息。

③ 你吃过马卡龙吗?

　　我没吃过马卡龙。

잡학중국어　댓글

댓글은 주로 留言[liúyán 리우옌]이라고 하지만, 跟帖[gēntiē 끈티에]나 评论[pínglùn 핑룬]도 댓글의 뜻으로 쓰인다.

▫SNS 및 인터넷과 관련 단어
－微信[wēixìn 웨이신] 위채트(wechat)
－网站[wǎngzhàn 왕잔] 웹사이트
－网友[wǎngyǒu 왕여우] 인터넷 동호인

1. 다음 간체자자의 발음을 써보세요.

① 休息 →

② 已经 →

③ 睡觉 →

④ 出发 →

⑤ 爸爸 →

⑥ 妈妈 →

2. 다음 문장을 해석하세요.

① 我今天休息。 _____

② 你说什么？ _____

③ 妈妈没睡觉，在休息。 _____

④ 我已经出发了。 _____

3. 다음 한어병음을 간체자로 옮기세요.

① Māma zài shuìjiào ma? _____

② Bàba zuò shénme? _____

③ Wǒ jīntiān xiūxi. _____

---

1. ① xiūxi ② yǐjing ③ shuìjiào ④ chūfā ⑤ bàba ⑥ māma
2. ① 저는 오늘 쉽니다. ② 뭐라고요? ③ 엄마는 주무시지 않고, 쉬고 계세요.
   ④ 저는 이미 출발했습니다.
3. ① 妈妈在睡觉吗? ② 爸爸做什么? ③ 我今天休息。

동사 4 (你看看这个)

일부 동사는 중첩하여 짧은 시간에 이루어지는 동작이나 행위 또는 가벼운 동작이나 행위 등을 나타내며, '좀 ~해보다'의 의미를 가진다.

기본 표현

Nǐ kànkan zhège.
你看看这个。 이것 좀 봐봐.
니 칸칸 저거

Wǒmen tīngting tā de yìjian ba.
我们听听他的意见吧。
워먼 팅팅 타 더 이지엔 바
우리 그의 의견을 들어보죠.

Wǒmen jīntiān xiūxi xiūxi ba.
我们今天休息休息吧。
워먼 진티엔 시우시 시우시 바
우리 오늘 좀 쉬어요.

Wǒ kǎolü kǎolǜ.
我考虑考虑。 생각 좀 해 볼게요.
워 카오뤼 카오뤼

새로 나온 단어

看看 kànkan 좀 보다   考虑 kǎolǜ 고려(하다)
意见 yìjian 의견

7. 동사의 중첩(1)

단음절 동사의 중첩은 'AA식'이다.

看 kàn 보다 – 看看 kànkan 좀 보다

听 tīng 듣다 – 听听 tīngting 좀 듣다

일부 동사는 중첩하여 짧은 시간에 이루어지는 동작이나 행위 등을 나타내며, '좀 ~하다'의 의미를 가진다.

Nǐ kànkan zhège.
你看看 这个。 이것 좀 봐봐.

Wǒmen tīngting tā de yìjiàn ba.
我们 听听他的意见吧。 우리 그의 의견을 좀 들어봐요.

8. 동사의 중첩(2)

쌍음절 동사의 중첩은 일반적으로 'ABAB식'이다.

休息 xiūxi 휴식하다 – 休息休息 xiūxi xiūxi 좀 휴식하다

考虑 kǎolǜ 고려하다 – 考虑考虑 kǎolǜ kǎolǜ 좀 고려해보다

Wǒmen jīntiān xiūxi xiūxi ba.
我们 今天休息休息吧。 우리 오늘 좀 쉬어요.

Wǒ kǎolǜ kǎolǜ.
我考虑考虑。 생각 좀 해 볼게요.

 중국 격언

早做准备，早有优势。
Zǎo zuò zhǔnbèi, zǎo yǒu yōushì.
미리 준비하면 유리한 입장에 서게 된다.

A
Tā yě qù ma?
他也去吗?   그도 가나요?
타 예 취 마

B
Wǒmen tīngting tā de yìjian ba.
我们听听他的意见吧。
워먼 팅팅 타 더 이지엔 바
그의 의견을 들어보죠.

A
Tā zài nǎr?
他在哪儿?   그는 어디에 있어요?
타 짜이 나알

B
Tā zài xuéxiào ba.
他在学校吧。   그는 학교에 있을 거예요.
타 짜이 쉬에샤오 바

A
Tā yǒu shǒujī ma?
他有手机吗?   그는 휴대전화 있나요?
타 여우 서우지 마

B
Tā méiyǒu shǒujī.
他没有手机。
타 메이여우 서우지
그는 휴대전화 없어요.

새로 나온 단어

在 zài   ~에 있다

吧 ba   ~일(할) 것이다(추측)

9. 중첩할 수 없는 동사

在 zài ~에 있다 (존재)　　　有 yǒu 가지고 있다 (소유)

是 shì ~이다 (판단)

동사 중에서 '존재 · 소유 · 판단' 등을 나타내는 동사는 중첩하여 쓸 수 없다.

Tā zài nǎr?
他在哪儿? 그는 어디에 있어요?

Tā yǒu shǒujī ma?
他有手机吗? 그는 휴대전화 있나요?

Zhāngbǎizhī shì yǐngxīng.
張柏芝 是 影星。 장빠이즈는 영화배우입니다.

교체 연습

Nǐ yǒu　shǒujī　ma?
你有 手机 吗?　　　휴대전화 있나요?

zìpāigǎn
自拍杆　　　셀카봉 있나요?

mǎkèbēi
马克杯　　　머그컵 있나요?

fángchén kǒuzhào
防尘 口罩　　　방진 마스크 있나요?

새로 나온 단어

自拍杆 zìpāigǎn　셀카봉　　　防尘 fángchén　먼지를 막다

马克杯 mǎkèbēi　머그컵　　　口罩 kǒuzhào　마스크

Day 10 동사 4(你看看这个) | 111

읽기 연습

1. 다음 병음을 읽어보세요.

① Tā yě qù ma?

　Wǒmen tīngting tā de yìjian ba.

② Tā zài nǎr?　　　　　③ Tā yǒu shǒujī ma?

　Tā zài xuéxiào ba.　　　Tā méiyǒu shǒujī.

2. 다음 문장을 읽어보세요.

① 他也去吗?　　　　　② 他在哪儿?

　我们听听他的意见吧。　　他在学校吧。

③ 他有手机吗?

　他没有手机。

 따꺼따(큰형님!?)

大哥[dàgē 따꺼]는 '형(오빠)'의 뜻이지만 '(조폭의) 중간 보스'를 가리키기도 한다. 大哥大[dàgēdà 따꺼따]는 '조폭의 두목'을 부르는 호칭으로 휴대전화가 1987년 홍콩 광동 지역에 처음 도입되면서 '휴대전화'를 부르는 명칭 으로 사용되었다.

당시 휴대전화는 부와 신분의 상징으로 부유층이나 조 폭 조직에서도 두목 정도가 지닐 수 있다고 해서 이렇게 이름 붙여졌다고 한다.

현재는 手机[shǒujī 서우지]로 통일해서 쓰이고 있다.

1. 다음 간체자자의 발음을 써보세요.

① 吧 →

② 考虑 →

③ 意见 →

④ 马克杯 →

⑤ 口罩 →

⑥ 在 →

2. 다음 문장을 해석하세요.

① 你看看这个。_____

② 我们今天休息休息吧。_____

③ 他没有手机。_____

④ 我爸爸是影星。_____

3. 다음 한어병음을 간체자로 옮기세요.

① Tā zài xuéxiào ba. _____

② Nǐ shì yǐngxīng ma? _____

③ Wǒmen tīngting tā de yìjian ba. _____

---

1. ① ba ② kǎolǜ ③ yìjian ④ mǎkèbēi ⑤ kǒuzhào ⑥ zài
2. ① 이것 좀 봐봐. ② 우리 오늘 좀 쉬어요. ③ 그는 휴대전화가 없어요. ④ 제 아버지는 영화배우입니다.
3. ① 그는 학교에 있을 거예요. ② 你是影星吗? ③ 我们听听他的意见吧。

조동사 (我得考虑考虑)

조동사는 동사 앞에 '도울 助', 즉 동사 앞에 와서 동사를 보조하는 역할을 한다.
조동사는 희망 · 가능 · 당위 · 필요 · 의지 등을 나타낸다.

기본 표현

Wǒ yào qù Měiguó.
我要去美国。 저는 미국에 가려고 합니다.
워 야오 취 메이꿔

Nǐ xiǎng mǎi shénme?
你想买什么? 당신은 무엇을 사려고 합니까?
니 샹 마이 선머

Nǐmen yīnggāi nǔlì xuéxí.
你们应该努力学习。
니먼 잉까이 누리 쉬에시

자네들은 마땅히 열심히 공부해야 해요.

Wǒ Wǒ kǎolǜ kǎolǜ.
我得考虑考虑。
워 떼이 카오뤼

생각해 봐야 해요

새로 나온 단어

要 yào ~하려고 하다
美国 Měiguó 미국
想 xiǎng ~하려고 하다, ~하고 싶다
买 mǎi 사다
应该 yīnggāi 마땅히 ~해야 한다
努力 nǔlì 노력(하다)

学习 xuéxí 공부(하다)
得 děi ~해야 한다
这里 zhèlì 여기, 이곳
可以 kěyǐ ~해도 좋다, ~할 수 있다
抽烟 chōuyān 담배 피우다

这里可以抽烟吗?
Zhèlǐ kěyǐ chōuyān ma?
저리 커이 츠오우에옌 마
여기에서 담배 피울 수 있나요?

你可以来吗?
Nǐ kěyǐ lái ma?
니 커이 라이 마
당신은 올 수 있습니까?

문장 살펴보기

1. 조동사의 종류

可以의 반대말로 '할 수 없다'는 '**不能** bù néng', 그보다 강한 금지를 말할 때는 '**不可以** bù kěyǐ' 라고 한다.

- 희망   **要** yào ～하고 싶다, ～할 예정이다
          想 xiǎng ～하고 싶다, ～하려고 하다
- 가능   **能** néng ～할 수 있다
          会 huì ～할 수 있다, ～할 줄 알다
- 의무   **得** děi ～해야 한다
          应该 yīnggāi 당연히 ～해야 한다

동사를 도와서 희망 · 가능 · 의지 등을 나타내는 단어를 조동사라고 하며, 동사 앞에서 부사어로 쓰인다. 반드시 동사와 함께 쓰이며, 단독으로 문장 성분은 될 수 없다.

我 要 去 美国。 나는 미국에 가려고 해.
Wǒ yào qù Měiguó.

你 想 买 什么？ 무얼 사고 싶어?
Nǐ xiǎngmǎi shénme?

我 得 考虑。 생각해 봐야 해.
Wǒ děi kǎolù.

你 应该 睡觉。 너는 마땅히 잠을 자야 해.
Nǐ yīnggāi shuìjiào

2. 조동사 可以

조동사 可以는 허가(~해도 좋다)나, 가능(~할 수 있다)을 나타낸다.

Zhèli kěyǐ chōuyān ma?
这里可以抽烟 吗? 여기에서 담배 피울 수 있니?

Nǐ kěyǐ lái ma?
你可以来吗? 너 올 수 있니?

실전 회화

A
Nǐ xiǎng chī shénme?
你想吃什么? 무얼 먹고 싶어?
니 샹 츠으 선머

B
Wǒ xiǎng chī huǒguō.
我想吃火锅。 샤부샤부 먹고 싶어.
워 샹 츠으 훠꾸어

A
Nǐ néng bu néng qù?
你能不能去? 너 갈 수 있니?
니 넝 부 넝 취

B
Wǒ néng qù.
我能去。 갈 수 있어.
워 넝 취

A
Nǐ huì kāichē ma?
你会开车吗? 너 운전할 줄 아니?
니 훼이 카이츠어 마

B
Wǒ bú huì kāichē.
我不会开车。 운전할 줄 몰라.
워 뿌 훼이 카이츠어

3. 조동사의 부정

조동사의 부정은 주로 부정부사 '不 bù'를 사용하나, '想 xiǎng'과 '能 néng'은 '没 méi'로도 부정할 수 있다.

Wǒ bù xiǎng qù.
我 不 想 去。 나는 가고 싶지 않아.

Wǒ méi néng qù.
我 没 能 去。 나는 갈 수 없었어.

4. 조동사의 의문

조동사의 의문은 문장 끝에 의문조사 '吗 ma'를 붙이거나 조동사의 긍정과 부정을 반복한다. '会 huì'는 배워서 할 수 있게 된 능력, '能 néng'은 할 수 있는 능력이나 가능성이 있는지를 나타낸다.

Nǐ huì kāichē ma?
你 会 开 车 吗? 너 운전할 줄 아니?

Nǐ néng bu néng qù?
你 能 不 能 去? 너 갈 수 있니?

Wǒ xiǎng chī huǒguō.
我 想 吃 火锅。　샤부샤부 먹고 싶어.

yángròuchuàn
羊肉串　양고기 꼬치 먹고 싶어.

pīsà
披萨　피자 먹고 싶어.

bāozi
包子　만두 먹고 싶어.

새로 나온 단어

火锅 huǒguō 샤부샤부　　　能 néng ~할 수 있다

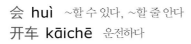

1. 다음 병음을 읽어보세요.

① Nǐ xiǎng chī shénme?
Wǒ xiǎng chī huǒguō.

② Nǐ néng bu néng qù?
Wǒ néng qù.

③ Nǐ huì kāichē ma?
Wǒ bú huì kāichē.

2. 다음 문장을 읽어보세요.

① 你想吃什么?
我想吃火锅。

② 你能不能去?
我能去。

③ 你会开车吗?
我不会开车。

새로 나온 단어

会 huì ~할 수 있다, ~할 줄 안다
开车 kāichē 운전하다

羊肉串 yángròuchuàn 양고기 꼬치
披萨 pīsà 피자
包子 bāozi 만두

 만터우가 만두? 찐빵?

包子[bāozi 빠오쯔]는 '만두', 馒头[mámtou 만터우]는 중국에서
'소가 없는 찐빵'을 가리킨다.
'팥소가 든 찐빵'은 豆沙包[dòushābāo 떠우사빠오]라고 한다.

1. 다음 간체자자의 발음을 써보세요.

① 学习 →   ② 要 →

③ 应该 →   ④ 会 →

⑤ 可以 →   ⑥ 买 →

2. 다음 문장을 해석하세요.

① 我要去美国。_____

② 这里可以抽烟吗? _____

③ 你想买什么? _____

④ 我得考虑。_____

3. 다음 한어병음을 간체자로 옮기세요.

① Nǐ kěyǐ lái ma?_____

② Wǒ bú huì kāichē._____

③ Wǒ xiǎng chī bāozi._____

---

1. ① xuéxí ② yào ③ yīnggāi ④ huì ⑤ kěyǐ ⑥ mǎi
2. ① 나는 미국에 가려고 해. ② 여기에서 담배 피울 수 있나요? ③ 무얼 사려고 하니? ④ 생각해 봐야 해.
3. ① 你可以来吗? ② 我不会开车。 ③ 我想吃包子。

형용사 1 (速度很慢)

형용사는 '형상 形', '모양 容'에 '말씀 詞', 즉 사람이나 사물의 형상·성질·상태 등을 나타내는 단어이다.

 **기본 표현**

Tā gèzi hěn gāo.
他个子很高。 그는 키가 큽니다.
타 꺼쯔 헌 까오

Jīntiān tiānqì hěn lěng.
今天天气很冷。 오늘 날씨가 춥습니다.
진티엔 티엔치 헌 렁

Sùdù hěn màn.
速度很慢。 속도가 느립니다.
쑤뚜 헌 만

Nǐ de xíngli duō ma?
你的行李多吗?
니 더 싱리 뚜어 마
당신 짐이 많습니까?

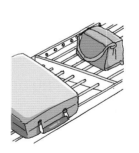

새로 나온 단어

天气 tiānqì 날씨
冷 lěng 춥다
速度 sùdù 속도
慢 màn 느리다

的 de ~의
行李 xíngli 짐, 수화물
多 duō 많다

1. 형용사의 종류(1)

사람이나 사물의 형상·성질 또는 동작·행위·수량 등의 상태를 나타내는 단어를 형용사라고 한다.

(1) 사람이나 사물의 형상을 나타내는 형용사

高 gāo (키가) 크다 　　　矮 ǎi (키가) 작다

大 dà 크다 　　　小 xiǎo 작다

<small>Tā gèzi hěn gāo.</small>
他个子很 高。 그는 키가 큽니다.

(2) 사람이나 사물의 성질을 나타내는 형용사

好 hǎo 좋다 　　　坏 huài 나쁘다

热 rè 덥다 　　　冷 lěng 춥다

<small>Jīntiān tiānqì hěn lěng.</small>
今天天气很 冷。 오늘 날씨가 춥습니다.

(3) 동작이나 행위의 상태를 나타내는 형용사

快 kuài 빠르다 　　　慢 màn 느리다

流利 liúlì 유창하다 　　　懒惰 lǎnduò 나태하다

<small>Sùdù hěn màn.</small>
速度很 慢。 속도가 느립니다.

(4) 수량을 나타내는 형용사

多 duō 많다 　　　少 shǎo 적다

全 quán 전부의, 모든 　　　许多 xǔduō 매우 많다

<small>Nǐ de xíngli duō ma?</small>
你的行李多 吗? 당신 짐이 많습니까?

A
Nǐ gèzi hěn gāo.
你个子很高。 당신은 키가 크군요.
니 꺼쯔 헌 까오

B
Bù, pǔpu tōngtōng.
不, 普普通通。 아뇨, 보통입니다.
뿌, 푸푸 통통

A
Nǐ de xíngli duō ma?
你的行李多吗? 당신 짐이 많아요?
니 더 싱리 뚜어 마

B
Wǒ de xíngli bù duō.
我的行李不多。 제 짐은 많지 않아요.
워 더 싱리 뿌 뚜어

A
Hónghóng de fēngyè hěn měi.
红红的枫叶很美。
홍홍 더 펑이에 헌 메이
새빨간 단풍이 예쁘지요.

B
Duì, tèbié měi.
对, 特别美。 맞아요, 유달리 아름다워요.
뛰이, 터삐에 메이

새로 나온 단어

普通 pǔtōng 보통이다, 일반적이다
红 hóng 빨갛다, 붉다
的 de ~한, ~은
枫叶 fēngyè 단풍

对 duì 맞다, 옳다
特别 tèbié 유달리, 특히
美 měi 아름답다

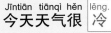
2. 형용사의 중첩

형용사는 중첩하여 그 정도를 강조한다.

(1) 단음절 형용사의 중첩은 'AA식'이다.

红 hóng 붉다 → 红红 hónghóng 꽤 붉다

白 bái 희다 → 白白 báibái 꽤 희다

2) 쌍음절 형용사의 중첩: 일반적으로 'AABB식'이다.

普通 pǔtōng 보통이다 → 普普通通 pǔpu tōngtōng 그저 보통이다

'AABB식'으로 형용사가 중첩될 때, 두 번째 음절은 주로 경성으로 발음한다.
일부 형용사는 습관적으로 중첩할 수 없다.

美丽 měilì 아름답다   严肃 yánsù 엄숙하다

困难 kùnnan 곤란하다   伟大 wěidà 위대하다

교체 연습

Jīntiān tiānqì hěn **lěng**. **今天天气很 冷** 。	오늘 날씨가 춥다.
rè **热**	오늘 날씨가 덥다.
nuǎnhuo **暖和**	오늘 날씨가 따뜻하다.
hǎo **好**	오늘 날씨가 좋다.

새로 나온 단어

热 rè 덥다   好 hǎo 좋다

暖和 nuǎnhuo 따뜻하다

1. 다음 병음을 읽어보세요.

① Nǐ gèzi hěn gāo.

Bù, pǔpǔtōngtōng.

② Nǐ de xíngli duō ma?

Wǒ de xíngli bù duō.

③ Hónghóng de fēngyè hěn měi.

Duì, tèbié měi.

2. 다음 문장을 읽어보세요.

① 你个子很高。

不，普普通通。

② 你的行李多吗?

我的行李不多。

③ 红红的枫叶很美。

对，特别美。

잡학 중국어   날씨와 기후

天气[tiānqì 티엔치]는 '일반적인 날씨'를 말한다.
气候[qìhòu 치허우]는 '일정한 지역에서 여러 해에
걸쳐 관찰한 대체적인 기상 상태'를 말한다.

-天气预报[tiānqì yùbào 티엔치 위빠오] 날씨 예보
-大陆性气候[dàlùxìng qìhòu 따루싱 치허우] 대륙성
기후

1. 다음 간체자자의 발음을 써보세요.

① 速度 →　　　　　　　　② 多 →

③ 普通 →　　　　　　　　④ 慢 →

⑤ 美 →　　　　　　　　　⑥ 冷 →

2. 다음 문장을 해석하세요.

① 她个子很高。 _____

② 你的行李多吗? _____

③ 对，特别美。 _____

④ 今天天气很冷。 _____

3. 다음 한어병음을 간체자로 옮기세요.

① Sùdù hěn màn. _____

② Wǒ de xíngli bù duō. _____

③ Jīntiān tiānqì hěn hǎo. _____

---

1. ① sùdù　② duō　③ pǔtōng　④ màn　⑤ měi　⑥ lěng
2. ① 그녀는 키가 크다.　② 당신 짐이 많아?　③ 맞아, 무척 아름다워.　④ 오늘 날씨는 춥다.
3. ① 速度很慢。　② 我的行李不多。　③ 今天天气很好。

형용사 2 (她很漂亮)

형용사는 문장 속에서 술어·한정어·부사어·보어 등으로 쓰인다.

기본 표현

Tā hěn piàoliang.
她很漂亮。
타 헌 퍄오량
그녀는 아주 예쁩니다.

Tā shì yǒnggǎn de rén.
他是勇敢的人。
타 스 용깐 더 르언
그는 용감한 사람입니다.

Nà bú shì xīn shū.
那不是新书。 그것은 새 책이 아닙니다.
나 뿌 스 신 수

Tā nǔlì xuéxí.
他努力学习。 그는 열심히 공부합니다.
타 누리 쉬에시

Wǒ tīng míngbai le.
我听明白了。 저는 잘 알아 들었습니다.
워 팅 밍빠이 러

새로 나온 단어

漂亮 piàoliang 예쁘다, 아름답다
勇敢 yǒnggǎn 용감하다
人 rén 사람

新 xīn 새로운, 사용하지 않은
书 shū 책
明白 míngbai 분명하다, 이해하다

3. 형용사의 특징

(1) 술어로 쓰인다.

형용사가 술어가 될 때 단독으로 사용하지 않고 일반적으로 정도부사를
수반한다.

hěn piàoliang
很 漂亮   아주 예쁘다

tèbié yǒnggǎn
特别 勇敢   유달리 용감하다

이때 형용사 뒤에 목적어가 따라올 수 없다.

漂亮她 （×）   勇敢他 （×）

(2) 한정어로 쓰인다.

명사 앞에는 일반적으로 수식이나 한정을 하는 성분이 놓이게 되는데, 이
러한 성분을 한정어라고 하며, 수식이나 한정을 당하는 성분을 중심어라
고 한다.

단음절 형용사는 조사 '的 de'나 '地 de'를 생략한다.

한정어 + (的) + 중심어

xīn (de) shū
新(的)书   새 책

이음절 형용사는 '的 de'나 '地 de'와 함께 쓴다.

yǒnggǎn de rén
勇敢 的人   용감한 사람

(3) 부사어로 쓰인다.

동사나 형용사를 수식하는 성분을 부사어라고 하는데, 형용사는 동사 앞
에서는 부사어가 된다.

nǔlì xuéxí
努力学习   열심히 공부하다

(4) 보어로 쓰인다.

동사 뒤에서 동사의 의미를 보충하는 보어로 쓰인다.

tīng míngbai
听 明白 확실히 알아듣다

실전 회화

Tā piàoliang ma?
A **她漂亮吗?** 그녀는 예쁘니?
타 퍄오리앙 마

Tā hěn piàoliang.
B **她很漂亮。** 그녀는 아주 예뻐.
타 헌 퍄오리앙

Hányǔ nán bu nán?
A **韩语难不难?** 한국어는 어렵니 어렵지 않니?
한위 난 뿌 난

Bù róngyì.
B **不容易。** 쉽지는 않아.
뿌 르옹이

Nǐ děi nǔlì xuéxí.
A **你得努力学习。** 열심히 공부해야 해.
니 떼이 누리 쉬에시

새로 나온 단어

韩语 Hányǔ 한국어   英语 Yīngyǔ 영어
难 nán 어렵다   日语 Rìyǔ 일본어
容易 róngyì 쉽다   德语 Déyǔ 독일어

B

Wǒ tīng míngbai le.

我听明白了。 잘 알아들었어.

워 팅 밍빠이 러

(5) 정반의문문이나 의문조사 '吗 ma'로 의문문을 만든다.

Hǎo bu hǎo?

好不好？ 좋아 좋지 않아?

Hǎo ma?

好 吗？ 좋아요?

(6) 부정은 일반적으로 '不 bù'로 한다.

Bù róngyì.

不 容易。 쉽지 않다.

Bù hǎo.

不好。 좋지 않다.

이때는 정도부사를 쓰지 않는다.

不很容易。(×)　　**不很好**(×)

교체 연습

Hányǔ 韩语	nán bu nán? 难不难？	한국어는 어렵니 어렵지 않니?
Yīngyǔ 英语		영어는 어렵니 어렵지 않니?
Rìyǔ 日语		일본어는 어렵니 어렵지 않니?
Déyǔ 德语		독일어는 어렵니 어렵지 않니?

1. 다음 병음을 읽어보세요.

① Tā piàoliang ma?

　　Tā hěn piàoliang.

② Hànyǔ nán bu nán?

　　Bù róngyì.

③ Nǐ děi nǔlì xuéxí.

　　Wǒ tīng míngbai le.

2. 다음 문장을 읽어보세요.

① 她漂亮吗?

　　她很漂亮。

② 韩语难不难?

　　不容易。

③ 你得努力学习。

　　我听明白了。

잡학 중국어 ▶ 아름답다와 멋지다

漂亮[piàoliang 퍄오량]은 주로 여성이 '아름답다' 는 뜻으로 쓰이며, 용모·의복·색채 등에도 쓰인다.

帅[shuài 솨이]는 주로 남성이 '멋지다'는 뜻으로 쓰이며, 글자를 멋지게 쓸 때도 쓰인다.

다음 신조어도 알아두자.
- '얼짱'은 脸赞[liǎnzàn 리엔짠]
- '몸짱'은 型男[xíngnán 싱난]

1. 다음 간체자자의 발음을 써보세요.

① 漂亮 →　　　　　　　② 明白 →

③ 难 →　　　　　　　　④ 韩语 →

⑤ 容易 →　　　　　　　⑥ 勇敢 →

2. 다음 문장을 해석하세요.

① 他努力学习。_____

② 我听明白了。_____

③ 韩语难不难? _____

④ 她漂亮吗? _____

3. 다음 한어병음을 간체자로 옮기세요.

① Tā hěn piàoliang._____

② Tā shì yǒnggǎn de rén._____

③ Nǐ děi nǔlì xuéxí._____

---

1. ① piàoliang　② míngbai　③ nán　④ Hànyǔ　⑤ róngyì　⑥ yǒnggǎn
2. ① 그는 열심히 공부합니다.　② 저는 잘 알아들었습니다.　③ 한국어는 어렵니? 어렵지 않니?　④ 그녀는 예쁩니까?
3. ① 她很漂亮。　② 他是勇敢的人。　③ 你得努力学习。

부사 1 (我刚来)

'도울 副'에 '말씀 詞', 부사는 일반적으로 동사나 형용사 앞에 와서 시간 · 정도 · 범위 · 가능 · 부정 등을 나타내는 말이다. 주로 문장의 수식 성분으로 쓰인다.

기본 표현

Wǒ gāng lái.
我刚来。 저는 방금 왔습니다.
워 깡 라이

Tā kěnéng bù lái le.
他可能不来了。 그는 아마도 오지 않을 겁니다.
타 커넝 뿌 라이 러

Jīntiān tiānqì fēicháng hǎo.
今天天气非常好。
진티엔 티엔치 페이츠앙 하오
오늘 날씨가 아주 좋습니다.

Wǒ cháng qù.
我常去。 저는 자주 갑니다.
워 츠앙 취

Wǒ gāoxìng jí le.
我高兴极了。 저는 아주 기쁩니다.
워 까오싱 지 러

새로 나온 단어

刚 gāng 방금, 막
可能 kěnéng 아마도
了 le 예정된 동작에 사용됨
非常 fēicháng 아주, 대단히

常 cháng 자주, 언제나
高兴 gāoxìng 기쁘다, 즐겁다
极 jí 아주, 몹시
了 le 인식 등에 변화가 있음을 나타냄

1. 부사의 종류

(1) 시간이나 정도를 나타내는 부사

剛 gāng 막, 방금 　　　　　 非常 fēicháng 매우, 아주

Wǒ gāng lái.
我 刚 来 。 나는 방금 왔다.

(2) 범위나 가능을 나타내는 부사

可能 kěnéng 아마도 　　　 一共 yígòng 전부, 모두

Tā kěnéng bù lái le.
他 可能 不来 了 。 그는 아마도 오지 않을 거다.

2. 부사의 용도

(1) 부사어로 쓰인다.

주어 + 부사 + 술어

Wǒ cháng qù.
我 常 去 。 나는 자주 간다.

(2) 보어로 쓰인다.

주어 + 술어 + 부사 + 了

*일부 동사나 형용사 뒤에 와서 보어로 쓰이고 뒤에 '了'를 동반한다.

Wǒ gāoxìng jí le.
我 高兴 极 了 。 나는 아주 기쁘다.

주어 + 술어 + 得 + 부사

*得[de]가 동사나 형용사 뒤에 쓰여, 결과나 정도를 표시하는 보어를 연결시키는 역할을 한다.

Wǒ shēntǐ hǎo de hěn.
我 身体 好 得 很 。 내 건강은 아주 좋다

A
Wǒ gāng lái,　tā　lái　le ma?
我刚来, 他来了吗?
워 깡 라이, 타 라이 러 마
나는 방금 왔어, 그는 왔니?

B
Tā　kěnéng　bù　lái　le.
他可能不来了。 그는 아마도 오지 않을 거야.
타 커넝 뿌 라이 러

A
Jīntiān　tiānqì　fēicháng hǎo.
今天天气非常好。 오늘 날씨 아주 좋아.
진티엔 티엔치 페이츠앙 하오

Nǐ cháng páshān ma?
你常爬山吗? 너 등산 자주 가니?
니 츠앙 파산 마

B
Wǒ cháng qù.
我常去。 자주 가.
워 츠앙 취

3. 부사의 위치

일반적으로 부사의 위치는 주어 뒤, 술어 앞에 온다.

주어 + 부사 + 술어

새로 나온 단어

爬山 páshān 등산하다

일부 부사의 경우 주어의 앞뒤에 다 올 수 있다.

　　주어 + 부사 + 술어

　　부사 + 주어 + 술어

→ 주어의 앞뒤에 다 올 수 있는 부사

可能 kěnéng 아마도, 아마　　　　　　**究竟** jiūjìng 도대체, 결국

也许 yěxǔ 아마, 혹시　　　　　　　**恐怕** kǒngpà 아마도

Tā kěnéng lái le.
他可能来了。 그는 아마도 왔을 것이다.

Kěnéng tā lái le.
可能他来了。 아마도 그는 왔을 것이다.

교체 연습

Nǐ cháng páshān ma?
你 常 爬山 吗? 너 자주 등산 가니?

chūchāi
出差 너 자주 출장 가니?

xǐzǎo
洗澡 너 자주 목욕 하니?

shēngbìng
生病 너 자주 아프니?

읽기 연습

1. 다음 병음을 읽어보세요.

① Wǒ gāng lái, tā lái le ma?　　　Tā kěnéng bù lái le.

새로 나온 단어

出差 chūchāi 출장 가다　　　　　生病 shēngbìng 병이 나다

洗澡 xǐzǎo 목욕하다

② Jīntiān tiānqì zěnmeyàng?

Jīntiān tiānqì fēicháng hǎo.

③ Nǐ cháng páshān ma?

Wǒ cháng qù.

2. 다음 문장을 읽어보세요.

① 我刚来，他来了吗?

他可能不来了。

② 今天天气怎么样?

今天天气非常好。

③ 你常爬山吗?

我常去。

 비상(?)콜라

可乐[kělè 커러]는 'cola'를 중국어로 음역한 것으로 '콜라'를 가리킨다. 非常[fēicháng 페이츠앙]은 ① '아주, 대단히'의 뜻도 있지만 ② '비상한, 특별한'의 뜻으로도 쓰이는데, 非常可乐에서 非常은 ②번의 뜻으로 쓰였다.

"중국인은 자국산 콜라를 마신다."

1998년 와하하그룹이 非常可乐[fēicháng kělè 페이츠앙 커러]를 출시하면서 내건 슬로건이다.

같은 해 우리나라에서도 범양식품이 '콜라 독립'을 외치며 애국심을 자극한 '815콜라'를 내놓았던 것과 거의 비슷한 방식이다. 그러나 애국심에 호소하던 '非常可乐'도 우리나라 '815콜라'처럼 아이러니하게도 7년 후 2005년 파산하고 말았다.

1. 다음 간체자자의 발음을 써보세요.

① 可能 →　　　　　　　　② 刚 →

③ 非常 →　　　　　　　　④ 常 →

⑤ 爬山 →　　　　　　　　⑥ 极 →

2. 다음 문장을 해석하세요.

① 我高兴极了。_____

② 他可能不来了。_____

③ 你常爬山吗?_____

④ 今天天气非常好。_____

3. 다음 한어병음을 간체자로 옮기세요.

① Wǒ cháng qù._____

② Wǒ gāng lái, tā lái le ma?_____

③ Jīntiān tiānqì zěnmeyàng?_____

---

1. ① kěnéng　② gāng　③ fēicháng　④ cháng　⑤ páshān　⑥ jí
2. ① 나는 아주 기뻐.　② 그는 아마도 오지 않을 거야.　③ 너 등산 자주 가니?
　　④ 오늘 날씨는 아주 좋아.
3. ① 我常去。　② 我刚来，他来了吗?　③ 今天天气怎么样?

부사 2 (心情非常好)

부사는 일반적으로 동사나 형용사 앞에서 동사나 형용사를 수식한다.

기본 표현

Wǒmen dōu qù yóulèyuán.
我们都去游乐园。
워먼 떠우 취 여우러위앤
우리 모두 놀이공원에 갑니다.

Xīnqíng fēicháng hǎo.
心情非常好。
신칭 페이츠앙 하오
기분이 아주 좋습니다.

Wǒ tèbié xǐhuan Hánguó cài.
我特别喜欢韩国菜。
워 터삐에 시환 한꿔 차이
나는 한국 요리를 특히 좋아합니다.

Tāmen hěn yuànyi qù.
他们很愿意去。 그들은 정말 가기를 원합니다.
타먼 헌 위앤이 취

새로 나온 단어

都 dōu 다, 모두
游乐园 yóulèyuán 놀이공원
心情 xīnqíng 기분, 마음

韩国 Hánguó 한국
愿意 yuànyi 원하다

4. 부사의 특징

(1) 부사는 일반적으로 술어 앞에서 동사나 형용사를 수식한다.

都 dōu 모두, 전부   **很** hěn 아주, 매우

非常 fēicháng 아주, 매우   **多** duō 얼마나

주어 + 부사 + 술어 + (목적어)

Wǒmen dōu qù yóulèyuán.
我们 都去游乐园。 우리는 모두 놀이공원에 간다.

Xīnqíng fēicháng hǎo.
心情 非常 好。 기분이 아주 좋다.

(2) 정도부사는 주로 형용사를 수식하나, 심리작용이나 소망을 나타내는 동사도 수식할 수 있다.

 * 정도부사

特别 tèbié 특히, 아주   **很** hěn 정말, 아주

比较 bǐjiào 비교적   **多么** duōme 얼마나

* 심리작용이나 소망을 나타내는 동사

愿意 yuànyi 원하다   **喜欢** xǐhuan 좋아하다

Wǒ tèbié xǐhuan Hánguó cài.
我特别喜欢 韩国 菜。 나는 한국 요리를 특별히 좋아한다.

Tāmen hěn yuànyi qù.
他们 很 愿意 去。 그들은 정말 가기를 원한다.

Nǐmen dōu qù nǎr?
A **你们都去哪儿?** 너희는 모두 어디 가니?
니먼 떠우 취 나알

B
Dōu qù Xiānggǎng.
都去香港。 다 홍콩에 가.
떠우 취 시앙깡

A
Nǐ zěnmeyàng?
你怎么样? 너는 어때?
니 쩐머양

B
Yǒudiǎnr jǐnzhāng.
有点儿紧张。 조금 긴장돼.
여우띠열 진장

A
Tā néng bāng nǐ ma?
他能 帮你吗? 그는 너를 도와줄 수 있니?
타 넝 빵 니 마

B
Yěxǔ.
也许。 아마도.
예쉬

문장 살펴보기

일반적으로 단독으로 쓰일 수 없으나, 일부 부사가 답변으로 쓰일 때는 단독으로 쓰이기도 한다.

不 bù ~이 아니다   **也许** yěxǔ 아마(도)
有点儿 yǒudiǎnr 조금, 약간

새로 나온 단어

香港 Xiānggǎng 홍콩   帮 bāng 돕다, 협조하다
有点儿 yǒudiǎnr 조금, 약간   也许 yěxǔ 아마도, 아마
紧张 jǐnzhāng 긴장되다

Nǐ yě qù ma?
你也去吗?
너도 가니?

– Bù.
不。
아니.

Tā néng bāng nǐ ma?
他能帮你吗?
그는 너를 도와줄 수 있니?

– Yě xǔ.
也许。
아마도.

Nǐ shēntǐ bù hǎo ma?
你身体不好吗?
몸이 안 좋으니?

– Yǒudiǎnr.
有点儿。
조금.

有点儿은 형용사 앞에 놓여 '좀 ~하다'라고 부정적인 의미를 나타낸다.
(**有点儿** + 형용사, 동사)

　　有点儿贵。[yǒudiǎnr guì.] 조금 비싸다.

교체 연습

Wǒ tèbié xǐhuan Hánguó cài.
我特别喜欢 韩国 **菜。**　　나는 한국 요리를 특히 좋아한다.

Zhōngguó
中国　　나는 중국 요리를 특히 좋아한다.

Rìběn
日本　　나는 일본 요리를 특히 좋아한다.

Sìchuān
四川　　나는 사천 요리를 특히 좋아한다.

새로 나온 단어

日本 Rìběn 일본
四川 Sìchuān 사천[쓰촨, 중국의 성(省) 이름]

1. 다음 병음을 읽어보세요.

① Nǐmen dōu qù nǎr?

　　Dōu qù Xiānggǎng.

② Nǐ zěnmeyàng?

　　Yǒudiǎnr jǐnzhāng.

③ Tā néng bāng nǐ ma?

　　Yěxǔ.

2. 다음 문장을 읽어보세요.

① 你们都去哪儿?

　　都去香港。

② 你怎么样?

　　有点儿紧张。

③ 他能帮你吗?

　　也许。

잡학중국어　홍콩 香港

香港[Xiānggǎng 시앙깡]의 정식 명칭은 **中华人民共和国香港特别行政区**(중화인민공화국 홍콩 특별행정구)이다

영국은 1898년에 홍콩에 대한 99년간의 조차권을 얻었다가 1997년 7월 중국으로 반환하였다. 홍콩 섬과 인근의 작은 230개가 넘는 섬들로 이루어져 있으며, 남북 길이 43km, 동서 길이 56km이다. 행정중심지인 빅토리아(Victoria City)는 홍콩 섬에 있으며, 홍콩 주민의 약 92%가 중국인이다.

1. 다음 간체자자의 발음을 써보세요.

① 韩国 →　　　　　　　② 香港 →

③ 愿意 →　　　　　　　④ 紧张 →

⑤ 也许 →　　　　　　　⑥ 有点儿 →

2. 다음 문장을 해석하세요.

① 我们都去游乐园。＿＿＿＿＿＿＿＿＿＿＿＿＿＿＿＿＿＿

② 心情非常好。＿＿＿＿＿＿＿＿＿＿＿＿＿＿＿＿＿＿＿＿

③ 我特别喜欢韩国菜。＿＿＿＿＿＿＿＿＿＿＿＿＿＿＿＿＿＿

④ 他们很愿意去。＿＿＿＿＿＿＿＿＿＿＿＿＿＿＿＿＿＿

3. 다음 한어병음을 간체자로 옮기세요.

① Yǒudiǎnr jǐnzhāng.＿＿＿＿＿＿＿＿＿＿＿＿＿＿＿＿

② Nǐ zěnmeyàng?＿＿＿＿＿＿＿＿＿＿＿＿＿＿＿＿＿

③ Nǐ shēntǐ bù hǎo ma?＿＿＿＿＿＿＿＿＿＿＿＿＿＿

1. ① Hánguó　② Xiānggǎng　③ yuànyi　④ jǐnzhāng　⑤ yěxǔ　⑥ yǒudiǎnr
2. ① 우리는 다 놀이공원에 간다.　② 기분이 아주 좋다.　③ 나는 한국 요리를 특히 좋아한다. ④ 그들은 정말 가기를 원한다.
3. ① 有点儿紧张。　② 你怎么样?　③ 你身体不好吗?

수사 (来了三个人)

수사는 '셈 數'에 '말씀 詞', 즉 숫자나 수량을 나타내는 단어로, 수사는 일반적으로 양사와 함께 쓰인다.

기본 표현

Bā shì èr de sì bèi.
八是二的四倍。 8은 2의 4배입니다.
빠 스 얼 더 쓰 뻬이

Tā jīnnián èrshí.
他今年二十。 그는 올해 스무 살입니다.
타 진니엔 얼스

Wǒ mǎi le yì tái diànnǎo.
我买了一台电脑。
워 마이 러 이 타이 띠엔나오
저는 컴퓨터 한 대를 샀습니다.

Lái le sān ge rén.
来了三个人。 세 사람이 왔습니다.
라이 러 싼 거 르언

Bā de bā bèi shì liùshísì.
八的八倍是六十四。 8의 여덟 배는 64입니다.
빠 더 빠 뻬이 스 리우스쓰

새로 나온 단어

四 sì 4, 넷
倍 bèi 배
今年 jīnnián 올해, 금년

台 tái 대[기계나 차량 따위를 세는 양사]
三 sān 3, 셋
个 ge 명, 개[day 17 양사 편 참조]

1. 수사의 용도

(1) 주어로 쓰인다.

Bā shì èr de sì bèi.
八是二的四倍。 8은 2의 4배이다.

(2) 술어로 쓰인다.

Tā jīnnián èrshí.
他 今年 二十。 그는 올해 스무 살이다.

(3) 한정어로 쓰인다.

Wǒ mǎi le yì tái diànnǎo.
我买了一台电脑。 나는 컴퓨터 한 대를 샀다.

2. 수사의 문법적 특징

(1) 수사는 일반적으로 중첩할 수는 없으나, 일부 관용적으로 쓰이는 것이 있다.

一一 yīyī 일일이

万万千千 wànwan qiānqiān 수천수만

* 万 wàn 만 * 千 qiān 천

(2) 수사 뒤에 명사가 올 때는, 수사와 명사 사이에 반드시 양사가 온다.

一个人 yí ge rén 사람 한 명

两台电脑 liǎng tái diànnǎo 컴퓨터 두 대

(3) 수사가 다른 수사 앞에서 한정어로 쓰일 때는 반드시 뒤에 조사 '的'를 쓴다.

Bā de bā bèi shì liùshísì.
八的八倍是六十四。 8의 여덟 배는 64이다.

A
Lái le jǐ ge rén?
来了几个人? 몇 명 왔니?
라이 러 지 거 르언

B
Lái le sān ge rén.
来了三个人。
라이 러 싼 거 르언
세 명이 왔어.

A
Nǐ yào jǐ ge?
你要几个? 몇 개를 원하니?
니 야오 지 거

B
Wǒ yào qī ge.
我要七个。 일곱 개를 원해.
워 야오 치 거

A
Yígòng yǒu duōshao rén?
一共有多少人? 모두 몇 명이야?
이꽁 여우 뚜어사오 르언

B
Yígòng yǒu èrshíqī ge rén.
一共有二十七个人。 모두 27명이야.
이꽁 여우 얼스치 거 르언

새로 나온 단어

要 yào 원하다, 바라다
七 qī 7, 칠

一共 yígòng 모두, 전부
多少 duōshao 몇, 얼마

(4) 수량에 대해 질문할 때는 의문대사 '几 jǐ'와 '多少 duōshao'를 쓴다. '几 jǐ'는 10 이하의 숫자를 물을 때 쓰나, '多少 duōshao'는 어떤 수든 상관없이 다 쓸 수 있다. 다만 예상하는 답이 10 이하가 확실할 때는 '几 jǐ'를 쓴다.

Nǐ yào jǐ ge?
你要几个？ 몇 개를 원합니까?

Wǒ yào wǔ ge.
我 要 五个。 다섯 개를 원합니다.

Yígòng yǒu duōshao ge rén?
一共 有 多少个人？ 모두 몇 명이 있습니까?

Yígòng yǒu èrshíqī ge rén.
一共 有二十七个人。 모두 27명이 있습니다.

*가족, 식구를 셀 때는 '口 kǒu'라는 양사를 씁니다.

Wǒ jiā yǒu sì kǒu rén.
我家有四口 人。 우리 집은 네 식구가 있어요.

교체 연습

Wǒ mǎi le yì tái diànnǎo.
我 买 了一台 电脑 。 나는 컴퓨터 한 대를 샀다.

kōngtiáo
空调 나는 에어컨 한 대를 샀다.

bīngxiāng
冰箱 나는 냉장고 한 대를 샀다.

kōngqì jìnghuàqì
空气净化器 나는 공기청정기 한 대를 샀다.

새로 나온 단어

空调 kōngtiáo 에어컨
冰箱 bīngxiāng 냉장고

空气净化器 kōngqì jìnghuàqì
공기청정기

1. 다음 병음을 읽어보세요.

① Lái le jǐ ge rén?

Lái le sān ge rén.

② Nǐ yào jǐ ge?

Wǒ yào qī ge.

③ Yígòng yǒu duōshao rén?

Yígòng yǒu èrshíqī ge rén.

2. 다음 문장을 읽어보세요.

① 来了几个人?

来了三个人。

② 你要几个?

我要七个。

③ 一共有多少人?

一共有二十七个人。

잡학 중국어 공기정화탑?

심각한 환경공해로 공기청정기 없이 살아가기 힘든 세상이 되자 중국에서는 **空气净化塔**[kōngqì jìnghuàtǎ 콩치 징후아타]까지 등장했다.

중국 산시성[陕西省 Shǎnxīshěng] 시안[西安 Xī'ān]에서는 2018년부터 세계 최대 규모인 100m가 넘는 초대형 공기정화탑을 설치 운영하고 있다.

1. 다음 간체자자의 발음을 써보세요.

① 一共 →   ② 三 →

③ 多少 →   ④ 四 →

⑤ 今年 →   ⑥ 七 →

2. 다음 문장을 해석하세요.

① 八是二的四倍。 _____

② 他今年二十。 _____

③ 八的八倍是六十四。 _____

④ 我买了一台电脑。 _____

3. 다음 한어병음을 간체자로 옮기세요.

① Lái le jǐ ge rén? _____

② Nǐ yào jǐ ge? _____

③ Yígòng yǒu duōshao rén? _____

---

1. ① yígòng ② sān ③ duōshao ④ sì ⑤ jīnnián ⑥ qī
2. ① 8은 2의 4배이다. ② 그는 올해 스무 살이다. ③ 8의 여덟 배는 64이다.
    ④ 나는 컴퓨터 한 대를 샀다.
3. ① 来了几个人? ② 你要几个? ③ 一共有多少人?

양사 1 (我有五把伞)

'헤아릴 量'에 '말씀 詞', 양사는 사물이나 사람 또는 행위의 수를 헤아릴 때 쓰는 말이다. 중국어는 특히 양사가 발달해 있으며, 사람이나 사물을 세는 명량사 (名量詞)와 동작을 세는 동량사(動量詞)로 나눌 수 있다.

기본 표현

Wǒ yǒu sān běn Zhōngwén shū.
我有三本中文书。
워 여우 싼 뻔 중원 수 저는 중국어 책 세 권이 있습니다.

Nà ge rén shì wǒ de lǎoshī.
那个人是我的老师。 저 분은 제 선생님입니다.
나 거 르언 스 워 더 라오스

Wǒ yǒu wǔ bǎ sǎn.
我有五把伞。 저는 우산 다섯 개가 있습니다.
워 여우 우 빠 싼

Zuótiān pāi le wǔ zhāng zhàopiàn.
昨天拍了五张照片。 어제 사진 5장을 찍었습니다.
쭈어티엔 파이 러 우 장 자오피앤

Wǒ yǒu sān jiàn xíngli.
我有三件行李。 저는 짐 세 개가 있습니다.
워 여우 싼 지엔 싱리

새로 나온 단어

本 běn 권[책을 세는 양사]
中文 Zhōngwén 중국어
老师 lǎoshī 선생, 교사
把 bǎ 자루[자루가 달린 기구를 세는 양사]
伞 sǎn 우산

拍 pāi 촬영하다
张 zhāng 장[넓은 것을 세는 양사]
照片 zhàopiàn 사진
件 jiàn 건[일이나 사건을 세는 양사]

1. 명량사의 위치

양사는 단독으로 쓰일 수 없으며, 보통 수사나 지시대사와 결합하여 쓰인다. 그 중 명량사는 다음과 같은 형태로 명사 앞에 와서 명사를 수식한다.

(1) 수사 + 명량사 + 명사

一本书 yì běn shū 책 한 권

两个人 liǎng ge rén 사람 두 명

(2) 지시대사 + 명량사 + 명사

这本书 zhè běn shū 이 책

那个人 nà ge rén 저 사람

2. 여러 가지 명량사

(1) 사람이나 사물에 쓰이는 개체 양사

个 ge 전용 양사가 없는 것에 두루 쓰인다.

一个人 yí ge rén 사람 한 명

两个香蕉 liǎng ge xiāngjiāo 바나나 두 개(양사 앞에는 '二'이 아니라 '两'을 쓴다)

三个问题 sān ge wèntí 문제 세 개

把 bǎ 손잡이가 있는 것에 쓰인다.

一把刀 yì bǎ dāo 칼 한 자루

两把剪刀 liǎng bǎ jiǎndāo 가위 두 개

本 běn 책을 세는 단위로 쓰인다.

四本书 sì běn shū 책 네 권

八本词典 bā běn cídiǎn 사전 여덟 권

张 zhāng 평면으로 되어 펼칠 수 있는 것에 쓰인다.

一张地图 yì zhāng dìtú 지도 한 장

两张床 liǎng zhāng chuáng 침대 두 개

四张纸 sì zhāng zhǐ 종이 네 장

件 jiàn 일·사건·개체의 사물을 세는 데에 쓰인다.

一件事 yí jiàn shì 일 한 건

两件衣服 liǎng jiàn yīfu 옷 두 벌

三件行李 sān jiàn xíngli 짐 세 개

실전 회화

A
Nǐ yǒu jǐ běn Yīngwén shū?
你有几本英文书？ 영어 책이 몇 권 있니?
니 여우 지 뻔 잉원 수

B
Wǒ yǒu sān běn Yīngwén shū.
我有三本英文书。 난 영어 책 세 권이 있어.
워 여우 싼 뻔 잉원 수

A
Nà ge rén shì shéi?
那个人是谁？ 저 사람은 누구니?
나 거 르언 스 쉐이

B
Shì wǒ de fǔdǎo lǎoshī.
是我的辅导老师。 내 과외 선생님이야.
스 워 더 푸따오 라오스

A
Zuótiān pāizhào le ma?
昨天拍照了吗？ 어제 사진 찍었니?
쭈어티엔 파이자오 러 마

B
Pāi le wǔ zhāng zhàopiàn.
拍了五张 照片。 다섯 장 찍었어.
파이 러 우 장 자오피앤

152 **Part 2**

(2) 두 개 이상의 개체로 이루어진 집합 양사

对 duì 두 쪽이 결합되어 있는 것

一对**夫妻** yí duì fūqī 부부 한 쌍

双 shuāng 쌍을 이루고 있는 것

一双**跑步鞋** yì shuāng pǎobùxié 런닝화 한 켤레

打 dá 다스(dozen)를 세는 경우

一打**铅笔** yì dá qiānbǐ 연필 한 다스

副 fù 한 벌이나 한 쌍으로 되어 있는 것

一副**眼镜** yí fù yǎnjìng 안경 한 개

套 tào 한 조를 이루고 있는 기물

一套**沙发** yí tào shāfā 소파 한 세트

两套**家具** liǎng tào jiājù 가구 두 세트

교체 연습

Nǐ yǒu jǐ běn Yīngwén shū?

你有几本 英文 书 ? 영어 책이 몇 권 있니?

Rìwénshū

日文书 일어 책이 몇 권 있니?

Déwénshū

德文书 독일어 책이 몇 권 있니?

cídiǎn

词典 사전이 몇 권 있니?

새로 나온 단어

英文 Yīngwén 영어   日文 Rìwén 일본어
辅导 fǔdǎo 과외 지도하다   德文 Déwén 독일어
拍照 pāizhào 사진을 찍다   词典 cídiǎn 사전

1. 다음 병음을 읽어보세요.

① Nǐ yǒu jǐ běn Yīngwén shū?

Wǒ yǒu sān běn Yīngwén shū.

② Nà ge rén shì shéi?

Shì wǒ de fǔdǎo lǎoshī.

③ Zuótiān pāizhào le ma?

Zuótiān pāi le wǔ zhāng zhàopiàn.

2. 다음 문장을 읽어보세요.

① 你有几本英文书?

我有三本英文书。

② 那个人是谁?

是我的辅导老师。

③ 昨天拍照了吗?

昨天拍了五张照片。

 잡학중국어 양사

| 伞 | 关键词汇-语法 |

伞的量词是什么?

一 (?) 伞

그 많은 양사[量词 liàngcí 리앙츠]는 언제 다 외우냐고요?

좀 애매하다 싶으면 양사의 대표선수 个 [ge 거]를 써서 일단은 위기를 모면하면 된다.

하지만 언어생활의 품격을 생각한다면 다양한 양사를 알고 있으면 좋다. 양사도 나름 골라 쓰는 재미가 있으니까. ^^

1. 다음 간체자자의 발음을 써보세요.

① 中文 →   ② 本 →

③ 老师 →   ④ 把 →

⑤ 照片 →   ⑥ 件 →

2. 다음 문장을 해석하세요.

① 我有三本英文书。＿＿＿＿＿＿＿＿＿＿＿＿＿＿

② 那个人是谁? ＿＿＿＿＿＿＿＿＿＿＿＿＿＿＿＿

③ 我买了两件衣服。＿＿＿＿＿＿＿＿＿＿＿＿＿＿

④ 昨天拍了五张照片。＿＿＿＿＿＿＿＿＿＿＿＿＿

3. 다음 한어병음을 간체자로 옮기세요.

① Wǒ yǒu sān běn Zhōngwén shū.

＿＿＿＿＿＿＿＿＿＿＿＿＿＿＿＿＿＿＿＿＿＿

② Nà ge rén shì wǒ de dìdi.＿＿＿＿＿＿＿＿＿＿

③ Wǒ yǒu wǔ bǎ sǎn.＿＿＿＿＿＿＿＿＿＿＿＿

---

1. ① Zhōngwén ② běn ③ lǎoshī ④ bǎ ⑤ zhàopiàn ⑥ jiàn
2. ① 나는 영어 책 세 권이 있습니다. ② 저 사람은 누구입니까? ③ 저는 옷 두 벌을 샀습니다. ④ 어제 사진 다섯 장을 찍었습니다.
3. ① 我有三本中文书。 ② 那个人是我的弟弟。 ③ 我有五把伞。

양사 2 (我见过他两次)

동작이나 행위의 횟수를 세는 동량사는 수사와 결합하여 동사 뒤에 온다.

기본 표현

Qǐng nǐ zài shuō yí biàn.
请你再说一遍。 다시 한 번 말씀해 주세요.
칭 니 짜이 수어 이 삐엔

Tā lái le sān cì.
他来了三次。 그는 세 번 왔습니다.
타 라이 러 싼 츠

Wǒ jiànguo sān cì Jīn xiānsheng.
我见过三次金先生。 나는 김씨를 세 번 만났다.
워 지엔꿔 싼 츠 진 시엔성

Wǒ jiànguo tā liǎng cì.
我见过他两次。 저는 그를 두 번 만났습니다.
워 지엔꿔 타 량 츠

Tā qùguo yí tàng Běijīng.
他去过一趟北京。
타 취꿔 이 탕 뻬이징   그는 베이징에 한 번 다녀왔습니다.

새로 나온 단어

请 qǐng ~(하)세요[권유, 요청의 경어]
再 zài 다시
遍 biàn 번, 회
次 cì 번, 횟수
见 jiàn 만나다, 보다

金 Jīn 김[성씨]
先生 xiānsheng 씨[Mr.에 해당함]
趟 tàng 번, 차례
北京 Běijīng 베이징[중국의 수도]
检查 jiǎnchá 검사하다

Qǐng nǐ jiǎnchá yí biàn.
请你检查一遍。 한 번 검사해 보세요.
칭 니 지엔츠아 이 삐엔

3. 동량사의 위치

동작이나 행위의 단위인 동량사는 수사와 결합하여 동사 뒤에 오는데, 목적어에 따라 다음과 같은 위치에 놓인다.

(1) 목적어가 없을 때: 동사 + 수사 + 동량사

Qǐng nǐ zài shuō yí biàn.
请 你再 说 一 遍。 다시 한 번 말씀해 주세요.

Tā lái le sān cì.
他来了三次。 그는 세 번 왔었다.

(2) 목적어가 명사일 때: 동사 + 수사 + 동량사 + 목적어

Wǒ jiànguo sān cì Jīn xiānsheng.
我 见 过 三次金 先 生。 나는 미스터 김을 세 번 만났다.

(3) 목적어가 대사일 때: 동사 + 목적어 + 수사 + 동량사

Wǒ jiànguo tā liǎng cì.
我 见过他 两 次。 나는 그를 두 번 만났다.

4. 여러 가지 동량사

(1) **次** cì 반복 출현하는 동작을 셀 때

Wǒ kànguo liǎng cì.
我 看 过 两 次。 나는 두 차례 보았다.

(2) **趟** tàng 왕복 동작을 셀 때(갔다 옴)

Tā qùguo yí tàng Běijīng.
他去过 一趟 北京。 그는 베이징에 한 번 다녀왔다.

A
Zhège yuè nǐ jiànguo tā jǐ cì?
这个月你见过他几次?
저거 위에 니 지엔꿔 타 지 츠
이번 달에 그를 몇 번 만났니?

B
Wǒ jiànguo tā sān cì.
我见过他三次。 나는 그를 세 번 만났어.
워 지엔꿔 타 싼 츠

A
Nǐ qùguo Dōngjīng ma?
你去过东京吗?
니 취꿔 똥징 마
도쿄에 가본 적 있니?

B
Wǒ qùguo yí tàng Dōngjīng.
我去过一趟 东京。
워 취꿔 이 탕 똥징
나는 도쿄에 한 번 갔었어.

A
Zuìjìn kànguo diànyǐng ma?
最近看过电影吗? 요즘 영화 본 적 있니?
쮀이진 칸꿔 띠엔잉 마

B
Zuótiān kànle yì chǎng diànyǐng.
昨天看了一场 电影。
쭈어티엔 칸러 이 츠앙 띠엔잉
어제 영화 한 편 보았어.

새로 나온 단어

东京 Dōngjīng 도쿄(일본의 수도)　　场 chǎng 편, 번
最近 zuìjìn 요즘, 최근

(3) **遍** biàn 동작의 횟수를 셀 때

Qǐng nǐ jiǎn chá yí biàn.
请 你 检 查 一 遍 。 검사 한 번 해 보세요.

(4) **场** chǎng 공연 · 관람 · 시합 등의 횟수를 셀 때

Wǒmen kàn le yì chǎng diànyǐng.
我们 看 了 一 场 电 影 。 우리는 영화를 한 편 보았다.

(5) **顿** dùn 식사나 질책 등의 횟수를 셀 때

Tā chī le yí dùn fàn.
她 吃 了 一 顿 饭 。 그녀는 밥을 한 끼 먹었다.

→ 이 밖에도 동량사에는 '**回** huí, **下** xià, **番** fān' 등이 있다.

回 huí 번, 차례: 동작이나 일의 횟수를 말할 때.

下 xià 번, 회: 동작의 횟수를 말할 때.

番 fān 번, 차례: 일의 횟수 등을 말할 때.

Wǒ jiàn guo liǎng cì.
我 见 过 两 次 。 나는 두 차례 만났다.

wéi xiū
维修 나는 두 차례 수리했다.

lái
来 나는 두 차례 왔었다.

zuò
做 나는 두 차례 해봤다.

새로 나온 단어

维修 wéixiū 수리하다

1. 다음 병음을 읽어보세요.

① Zhège yuè nǐ jiànguo tā jǐ cì?

Wǒ jiànguo tā sān cì.

② Nǐ qùguo Dōngjīng ma?

Wǒ qùguo yí tàng Dōngjīng.

③ Zuìjìn kànguo diànyǐng ma?

Zuótiān kànle yì chǎng diànyǐng.

2. 다음 문장을 읽어보세요.

① 这个月你见过他几次?

我见过他三次。

② 你去过东京吗?

我去过一趟东京。

③ 最近看过电影吗?

昨天看了一场电影。

 베이징(北京) 미니 퀴즈

1. 중국의 수도 베이징의 인구는?

① 약 1,300만   ② 약 1,600만

③ 약 2,100만   ④ 약 3,400만

2. 다음 중 베이징에 소재한 곳이 아닌 것은?

① 자금성   ② 천안문

③ 동방명주   ④ 이화원

정답 1. ③   2. ③

1. 다음 간체자자의 발음을 써보세요.

① 请 →　　　　　　　　　② 遍 →

③ 先生 →　　　　　　　　④ 次 →

⑤ 这个 →　　　　　　　　⑥ 趟 →

2. 다음 문장을 해석하세요.

① 请你再说一遍。_____

② 我去过一趟北京。_____

③ 请你检查一遍。_____

④ 我见过他三次。_____

3. 다음 한어병음을 간체자로 옮기세요.

① Tā láile sān cì._____

② Nǐ qùguo Dōngjīng ma?_____

③ Nǐ jiànguo tā jǐ cì?_____

---

1. ① qǐng　② biàn　③ xiānsheng　④ cì　⑤ zhège　⑥ tàng
2. ① 다시 한 번 말해 주세요.　② 저는 베이징에 한 번 갔었습니다.　③ 한 번 검사해
보세요.　④ 나는 그를 세 번 만났다.
3. ① 他来了三次。　② 你去过东京吗?　③ 你见过他几次?

전치사 1 (在学校工作)

'앞 前', '둘 置'에 '말씀 詞', 전치사는 명사 · 대사 또는 다른 품사의 앞에 위치하여 술어의 시간 · 장소 · 방향 · 대상 등을 나타낸다.

기본 표현

Zài xuéxiào gōngzuò.
在学校 工作。 학교에서 일합니다.
짜이 쉬에샤오 꽁쭈어

Fāshēng zài qùnián.
发生在去年。 작년에 발생했습니다.
파성 짜이 취니엔

cóng èr yuè dào liù yuè
从二月到六月 2월부터 6월까지
총 얼 위에 따오 리우 위에

cóng Běijīng dào Shànghǎi
从北京到 上海
총 뻬이징 따오 상하이

베이징으로부터 상하이까지

Lí Zhōngqiū zhǐ yǒu liǎngtiān le.
离中 秋只有两天了。
리 종치우 즈 여우 량 티엔 러

추석까지는 단지 이틀만 남았습니다.

Wǒ jiā lí xuéxiào hěn jìn.
我家离学校很近。
워 지아 리 쉬에샤오 헌 진

우리 집은 학교로부터 가깝습니다.

1. 시간이나 장소를 나타내는 전치사

(1) **在** zài 어떤 행동이 발생한 시간이나 장소를 나타낸다.

Zài xuéxiào gōngzuò.
在 学校 工作 。 학교에서 일한다.

Fāshēng zài qùnián.
发生 在去年。 작년에 발생했다.

(2) **从** cóng / **到** dào 시간과 공간의 시작점과 도착점을 나타낸다.

cóng èr yuè dào liù yuè
从 二月 到六月 2월부터 6월까지

cóng Běijīng dào Shànghǎi
从 北京 到 上海 베이징으로부터 상하이까지

(3) **离** lí 시간과 공간의 간격을 나타낸다.

Lí Zhōngqiū zhǐ yǒu liǎng tiān le.
离 中秋 只有 两 天了。 추석까지는 단지 이틀밖에 안 남았다.

Wǒ jiā lí xuéxiào hěn jìn.
我家离 学校 很近。 우리 집은 학교와 가깝다.

새로 나온 단어

在 zài ~에(서)
工作 gōngzuò 일하다
发生 fāshēng 발생하다
去年 qùnián 작년
从 cóng ~부터, ~에서
到 dào ~까지, (으)로
上海 Shànghǎi 상하이[지명]

离 lí ~까지, ~로부터
中秋 Zhōngqiū 추석
只 zhǐ 단지, 그저
有 yǒu ~만큼 되다
天 tiān 하루, 날
家 jiā 집
近 jìn 가깝다

A
Nǐ zài nǎr gōngzuò?
你在哪儿工作? 넌 어디에서 일하니?
니 짜이 날 꽁쭈어

B
Zài màoyì gōngsī gōngzuò.
在贸易公司工作。 무역 회사에서 일해.
짜이 마오이 꽁쓰 꽁쭈어

A
Nǐ jiā lí gōngsī yuǎn ma?
你家离公司远吗? 네 집은 회사에서 머니?
니 지아 리 꽁쓰 위앤 마

B
Wǒ jiā lí gōngsī hěn jìn.
我家离公司很近。 회사에서 가까워.
워 지아 리 꽁쓰 헌 찐

A
Zǒulù shàngbān ma?
走路上班吗? 걸어서 출근하니?
쩌우루 상빤 마

B
Ng, wǎng qián zǒu jiù dào le.
嗯, 往 前 走 就 到 了。
응, 왕 치엔 쩌우 지우 따오 러
응, 앞으로 직진하면 바로 도착해.

새로 나온 단어

贸易 màoyì 무역
远 yuǎn 멀다
走路 zǒulù 걷다
上班 shàngbān 출근하다
嗯 ng 응, 그래

往 wǎng ~쪽으로, ~을 향해
前 qián 앞쪽
走 zǒu 걷다, 걸어가다
就 jiù 바로, 곧
到 dào 도착하다

2. 방향을 나타내는 전치사

(1) **向** xiàng 동작의 방향을 나타낸다.

xiàng qián pǎo
向 前 跑 앞으로 달리다

* **向** xiàng ~(으)로

* **跑** pǎo 달리다, 뛰다

(2) **往** wǎng 동작의 방향을 나타낸다.

wǎng qián zǒu
往 前 走 앞쪽으로 가다

교체 연습

Wǒ jiā lí | xuéxiào | hěn jìn.
我家离 | **学校** | **很 近。** 우리 집은 학교와 가깝습니다.

diànyǐngyuàn
电影院 우리 집은 영화관과 가깝습니다.

shìzhèngfǔ
市政府 우리 집은 시청과 가깝습니다.

jiànshēnfáng
健身房 우리 집은 헬스클럽과 가깝습니다.

새로 나온 단어

电影院 diànyǐngyuàn 영화관   健身房 jiànshēnfáng 헬스클럽
市政府 shìzhèngfǔ 시청

1. 다음 병음을 읽어보세요.

① Nǐ zài nǎr gōngzuò?
   Zài màoyì gōngsī gōngzuò.

② Nǐ jiā lí gōngsī yuǎn ma?
   Wǒ jiā lí gōngsī hěn jìn.

③ Zǒulù shàngbān ma?
   Ǹg, wǎng dōng zǒu jiù dào le.

2. 다음 문장을 읽어보세요.

① 你在哪儿工作?
   在贸易公司工作。

② 你家离公司远吗?
   我家离公司很近。

② 走路上班吗?
   嗯, 往东走就到了。

 영화 도시(?) 影城 잉츠엉

영화관은 电影院[diànyǐyuàn 띠엔잉위앤]이나, 멀티플렉스 영화관은 影城[yǐngchéng 잉츠엉] 혹은 电影城[diànyǐngchéng 띠엔잉츠엉]이라 한다. 직역하면 '영화 도시'가 된다.

1. 다음 간체자자의 발음을 써보세요.

① 离 →　　　　　　　　② 在 →

③ 去年 →　　　　　　　④ 从 →

⑤ 公司 →　　　　　　　⑥ 到 →

2. 다음 문장을 해석하세요.

① 发生在去年。＿＿＿＿＿＿＿＿＿＿＿＿＿＿＿＿

② 离中秋只有两天了。＿＿＿＿＿＿＿＿＿＿＿＿

③ 我家离学校很近。＿＿＿＿＿＿＿＿＿＿＿＿＿

④ 在贸易公司工作。＿＿＿＿＿＿＿＿＿＿＿＿＿

3. 다음 한어병음을 간체자로 옮기세요.

① Nǐ zài nǎr gōngzuò?＿＿＿＿＿＿＿＿＿＿＿

② Nǐ jiā lí gōngsī yuǎn ma?＿＿＿＿＿＿＿＿

③ Wǎng dōng zǒu jiù dào le.＿＿＿＿＿＿＿＿

---

1. ① lí　② zài　③ qùnián　④ cóng　⑤ gōngsī　⑥ dào
2. ① 작년에 발생했습니다.　② 추석까지는 단지 이틀만 남았습니다.　③ 우리 집은 학교와 가깝습니다.　④ 무역 회사에서 일합니다.
3. ① 你在哪儿工作? ② 你家离公司远吗? ③ 往东走就到了。

전치사 2 (我和你一样高)

전치사는 단독으로 쓰일 수 없으며, 명사나 대사와 결합하여 전치사구를 이루어 부사어 · 보어 · 한정어 등의 역할을 한다.

기본 표현

Nǐ yào gēn tā shāngliang.
你要跟他商量。 당신은 그와 함께 상의해야 해요.
니 야오 껀 타 상량

Wǒ hé nǐ yíyàng gāo.
我和你一样高。 저는 당신만큼 큽니다.
워 허 니 이양 까오

Wǒ hé zhè jiàn shì méiyǒu guānxi
我和这件事没有关系。
워 허 저 지엔 스 메이여우 꾸안시
저는 이 일과 관계가 없습니다.

Gěi bìngrén kànbìng.
给病人看病。
께이 삥런 칸삥
환자를 진찰합니다.

Gěi tā fā diànzǐ yóujiàn.
给他发电子邮件。
께이 타 파 띠엔쯔 여우지엔
그에게 이메일을 보냅니다.

Wǒ bǎ shū dài lái le.
我把书带来了。 저는 책을 가지고 왔습니다.
워 빠 수 따이 라이 러

3. 대상을 나타내는 전치사

(1) 跟 gēn 동작의 대상을 이끌어낸다. (함께 어떤 일을 진행함을 나타냄)

Nǐ yào gēn tā shāngliang.
你要 跟他 商量 。 너는 그와 함께 상의해야 한다.

Wǒ gēn nǐ yìqǐ qù.
我 跟你一起去 。 나는 너와 함께 가겠다.

(2) 和 hé 비교의 대상이나 관계가 있는 대상을 끌어낸다.

Wǒ hé nǐ yíyàng gāo.
我和你一样 高 。 나는 너만큼 크다.

Wǒ hé zhè jiàn shì méiyǒu guānxi.
我 和 这 件 事 没有 关系 。 나는 이 일과 관계가 없다.

(3) 给 gěi 동작을 받는 대상을 나타낸다.

Gěi bìngrén kànbìng.
给 病人 看病 。 환자를 진찰하다.

Gěi tā fā diànzǐ yóujiàn.
给他发电子 邮件 。 그에게 이메일을 보내다.

(4) 把 bǎ 목적어가 되는 동작의 대상을 술어 앞으로 끌어낸다. '**把**자문'
이라고도 하며, 목적어를 앞으로 끌어내어 목적어를 강조한다.

Wǒ bǎ shū dài lái le.
我把书 带来了 。 나는 책을 가지고 왔다.

새로 나온 단어

跟 gēn ~와(과) 病人 bìngrén 환자

商量 shāngliang 상의하다 看病 kànbìng 진찰하다

和 hé ~와(과) 发 fā 보내다

一样 yíyàng 같다 电子邮件 diànzǐ yóujiàn 이메일

关系 guānxi 관계 把 bǎ ~을(를)

给 gěi ~에게 带 dài 지니다, 휴대하다

A
Tā bǎ shū jièzǒu le.
他把书借走了。 걔가 책을 빌려갔어.
타 빠 수 지에쩌우 러

B
Huán gěi nǐ le ma?
还给你了吗? 네게 돌려줬니?
환 께이 니 러 마

A
Méiyǒu, tā yòu bèi lǎoshī pīpíng le.
没有,他又被老师批评了。
메이여우, 타 여우 뻬이 라오스 피핑 러
아니, 걔는 또 선생님께 주의를 받았어.

B
Wǒ shuō shénme láizhe.
我说什么来着。 내가 뭐랬니.
워 수어 선머 라이저

A
Nǐ gēn tā yìqǐ qù ma?
你跟他一起去吗? 그와 함께 갈 거니?
니 껀 타 이치 취 마

B
Wǒ yào gēn tā yìqǐ qù.
我要跟他一起去。
워 야오 껀 타 이치 취
나는 그와 함께 가려고 해.

새로 나온 단어

借走 jièzǒu 빌려 가다
还 huán 돌려주다
没有 méiyǒu ~않다(과거 부정)
又 yòu 또, 다시

被 bèi ~에게 ~당하다
批评 pīpíng 주의를 주다
来着 láizhe ~했다

4. 피동을 나타내는 전치사

被 bèi 동작의 주체를 이끌어낸다.

Bèi lǎoshī pīpíng le.
被 老师 批评了。 선생님께 주의를 받았다.

Shū bèi tā jièzǒu le.
书 被他借走了。 책은 그가 빌려갔다.

교체 연습

Wǒ hé nǐ yíyàng gāo.
我和你一样 高 。 나는 너만큼 크다.

ǎi
矮 나는 너만큼 작다.

pàng
胖 나는 너만큼 뚱뚱하다.

shòu
瘦 나는 너만큼 야위었다.

중국 격언

我们越接近目标，困难就会越多。
Wǒmen yuè jiējìn mùbiāo
kùnnan jiù huì yuè duō.
목표에 가까워질수록 어려움도 더 많아진다.

새로 나온 단어

矮 ǎi (키가) 작다

1. 다음 병음을 읽어보세요.

① Tā bǎ shū jièzǒu le.

　Huán gěi nǐ le ma?

② Méiyǒu, tā yòu bèi lǎoshī pīpíng le.

　Wǒ shuō shénme láizhe.

③ Nǐ gēn tā yìqǐ qù ma?

　Wǒ yào gēn tā yìqǐ qù.

2. 다음 문장을 읽어보세요.

① 他把书借走了。　　② 没有，又被老师批评了。

　还给你了吗?　　　　我说什么来着。

③ 你跟他一起去吗?

　我要跟他一起去。

 꽌시(关系) 문화

关系[guānxi 꽌시]는 일반적으로 '(사람과 사람 또는 사람과 사물 사이의) 관계'의 뜻이지만 흔히 '인맥'의 뜻으로 쓰이며, 특정하여 人际关系[rénjì guānxi 르언지 꽌시]로 쓰기도 한다. 특히 중국인들의 '꽌시' 중시는 가히 알아줄 만하다.

좋은 '꽌시'를 만들기 위해 끊임없이 '꽌시'를 만들려고 노력한다. 마치 거미줄처럼 네트워크를 형성하는 것을 关系网[guānxiwǎng 꽌시왕]이라고 하는데 성공하는 사람들의 대부분은 이러한 꽌시왕을 잘 갖추고 있다.

1. 다음 간체자자의 발음을 써보세요.

① 跟 →   ② 病人 →

③ 和 →   ④ 把 →

⑤ 给 →   ⑥ 被 →

2. 다음 문장을 해석하세요.

① 书被他借走了。 _____

② 又被老师批评了。 _____

③ 我说什么来着。 _____

④ 我要跟他一起去。 _____

3. 다음 한어병음을 간체자로 옮기세요.

① Huán gěi nǐ le ma? _____

② Nǐ gēn tā yìqǐ qù ma? _____

③ Gěi bìngrén kànbìng. _____

---

1. ① gēn ② bìngrén ③ hé ④ bǎ ⑤ gěi ⑥ bèi
2. ① 그가 책을 빌려갔다. ② 선생님께 또 주의를 받았어. ③ 내가 뭐랬니. ④ 나는
   그와 함께 가려고 해.
3. ① 还给你了吗? ② 你跟他一起去吗? ③ 给病人看病。

접속사 (你去还是他去?)

접속사는 중국어로 '이을 連'에 '말씀 詞', 연사라고 하며, 단어 · 구(句) · 문장 등을 연결하여 다양한 의미 관계를 나타낸다.

기본 표현

Wǒ qùguo Běijīng hé Shànghǎi.
我去过北京和上海。
워 취꿔 뻬이찡 허 상하이
나는 베이징과 상하이를 가 보았습니다.

Wǒ gēn tā shì péngyou.
我跟她是朋友。
워 껀 타 스 펑여우
나와 그녀는 친구입니다.

Nǐ qù háishi tā qù?
你去还是他去?
니 취 하이스 타 취
당신이 갑니까, 아니면 그가 갑니까?

Tā xǐhuan wǒ, kěshì wǒ bù xǐhuan tā.
他喜欢我, 可是我不喜欢他。
타 시환 워, 커스 워 뿌 시환 타
그는 저를 좋아하지만, 저는 그를 좋아하지 않습니다.

Wǒ yě xiǎng qù, dànshì méiyǒu shíjiān.
我也想去, 但是没有时间。
워 예 시앙 취, 커스 메이여우 스지엔
저도 가고 싶지만, 시간이 없습니다.

Yīnwèi xiàyǔ, suǒyǐ wǒ bù néng chūqù.

因为下雨, 所以我不能出去。

인웨이 시아위, 쑤어이 워 뿌 넝 츠우취

비가 내리기 때문에, 저는 외출할 수 없습니다.

문장 살펴보기

1. 병렬관계를 나타내는 접속사

和 hé / 跟 gēn (~과, ~와)

Wǒ qùguo Běijīng hé Shànghǎi.
我去过北京和 上海 。 나는 베이징과 상하이를 가 보았다.

Wǒ gēn tā shì péngyou.
我 跟她是 朋友 。 나와 그녀는 친구이다.

2. 선택관계를 나타내는 접속사

还是 háishi (아니면, 혹은)

Nǐ qù háishi tā qù?
你去还是他去? 네가 가니, 아니면 그가 가니?

3. 역접관계를 나타내는 접속사

可是 kěshì / 但是 dànshì (그러나, 하지만)

새로 나온 단어

朋友 péngyou 친구
还是 háishi 아니면, 또는
可是 kěshì 그러나
因为 yīnwèi ~때문에

下雨 xiàyǔ 비가 내리다
所以 suǒyǐ 그래서
出去 chūqù 외출하다

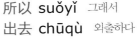

Tā xǐhuan wǒ, kěshì wǒ bù xǐhuan tā.
他喜欢我,可是我不喜欢他。 그는 나를 좋아하지만, 나는 그를
좋아하지 않아.

Wǒ yě xiǎng qù, dànshì méiyǒu shíjiān.
我也想去,但是没有时间。 나도 가고 싶지만, 시간이 없다.

4. 인과관계를 나타내는 접속사

因为 yīnwèi (왜냐하면), **所以** suǒyǐ (그러므로)

Yīnwèi xiàyǔ, suǒyǐ wǒ bù néng chūqù.
因为下雨,所以我不能出去。 비가 오기 때문에, 나는 외출할
수 없다.

실전 회화

Nǐ xǐhuan tā ma?
A 你喜欢他吗? 넌 그를 좋아하니?
니 시환 타 마

Tā xǐhuan wǒ, kěshì wǒ bù xǐhuan tā.
B 他喜欢我, 可是我不喜欢他。
타 시환 워, 커스 워 뿌 시환 타
그는 나를 좋아하지만, 나는 그를 좋아하지 않아.

Nǐ bàba shēntǐ jiànkāng ma?
A 你爸爸身体健康吗?
니 빠바 션티 지엔캉 마
너희 아버지는 건강하시니?

Wǒ bàba suīrán niánjì dà, kěshì shēntǐ hěn
B 我爸爸虽然年纪大, 可是身体很

jiànkāng.
健康。

워 빠바 쒜이르안 니엔지 따, 커스 션티 헌 지엔캉

우리 아버지는 비록 나이가 많으시지만, 아주 건강하셔.

Nǐ　māma　qù shàngbān le ma?
A # 你妈妈去上班了吗？

니 마마 취 상빤 러 마

네 어머니는 출근하셨니?

Māma　xiān zuò zǎofàn,　ránhòu　qù shàngbān.
B # 妈妈先做早饭，然后去上班。

마마 시엔 쭈어 짜오판, 르안허우 취 상빤

어머니는 먼저 아침밥을 준비하시고 나서 출근하셔.

5. 양보관계를 나타내는 접속사

虽然 suīrán (비록 ~하지만), 可是 kěshì (그러나)

Wǒ bàba suīrán niánjì dà,　kěshì shēntǐ hěn jiànkāng.
我爸爸虽然年纪大, 可是身体很 健康。 우리 아버지는 비록
나이가 많으시지만, 아주 건강하셔.

새로 나온 단어

健康 jiànkāng　건강(하다)　　先 xiān　먼저, 우선

虽然 suīrán　비록 ~하지만　　早饭 zǎofàn　아침밥

年纪 niánjì　나이, 연령　　然后 ránhòu　그리고 나서

大 dà　(수량이) 많다, 크다

6. 선후관계를 나타내는 접속사

然后 ránhòu (연후에, 그런 후에)

Māma xiānzuò zǎofàn, ránhòu qù shàngbān.
妈妈 先做 早饭, 然后去 上班 。 어머니는 먼저 아침식사를
준비하시고 나서 출근하셔.

 교체 연습

Wǒ gēn tā shì péngyou.
我 跟她是 朋友 。   나와 그녀는 친구이다.

tóngshì
同事   나와 그녀는 동료이다.

tóngwū
同屋   나와 그녀는 룸메이트이다.

jiěmèi
姐妹   나와 그녀는 자매이다.

🖇 중국 격언

功夫不负有心人。
Gōngfu bú fù yǒuxīnrén.
노력은 뜻 있는 사람을 저버리지 않는다.

〔 새로 나온 단어

同事 tóngshì 동료   姐妹 jiěmèi 자매
同屋 tóngwū 룸메이트

1. 다음 병음을 읽어보세요.

① Nǐ xǐhuan tā ma?

Tā xǐhuan wǒ, kěshì wǒ bù xǐhuan tā.

② Nǐ bàba shēntǐ jiànkāng ma?

Wǒ bàba suīrán niánjì dà, kěshì shēntǐ hěn jiànkāng.

③ Nǐ māma qù shàngbān le ma?

Māma xiān zuò zǎofàn, ránhòu qù shàngbān.

2. 다음 문장을 읽어보세요.

① 你喜欢他吗?

他喜欢我, 可是我不喜欢他。

② 你爸爸身体健康吗?

我爸爸虽然年纪大, 可是身体很健康。

③ 你妈妈去上班了吗?

妈妈先做早饭, 然后去上班。

 룸메이트

温馨提示
男生宿舍
女生止步

同屋[tóngwū 통우]는 '룸메이트', 宿舍[sùshè 쑤서]는 '기숙사'를 가리키는 말이다.

－男生宿舍[nánshēng sùshè 난성 쑤서] 남학생 기숙사
－女生宿舍[nǚshēng sùshè 뉘성 쑤서] 여학생 기숙사
－女生止步[nǚshēng zhǐbù 뉘성 즈뿌] 여학생 출입금지

1. 다음 간체자자의 발음을 써보세요.

① 还是 →　　　　　　　② 可是 →

③ 因为 →　　　　　　　④ 所以 →

⑤ 然后 →　　　　　　　⑥ 早饭 →

2. 다음 문장을 해석하세요.

① 他喜欢我, 可是我不喜欢他。_____

② 妈妈先做早饭, 然后去上班。_____

③ 你去还是他去? _____

④ 因为下雨, 所以我不能出去。_____

3. 다음 한어병음을 간체자로 옮기세요.

① Nǐ xǐhuan tā ma?_____

② Nǐ bàba shēntǐ jiànkāng ma?_____

③ Nǐ māma qù shàngbān le ma?_____

---

1. ① háishi　② kěshì　③ yīnwèi　④ suǒyǐ　⑤ ránhòu　⑥ zǎofàn
2. ① 그는 나를 좋아하지만, 나는 그를 좋아하지 않아.　② 어머니는 먼저 아침밥을 준비하시고 나서 출근하셔.　③ 네가 가니 아니면 그가 가니?　④ 비가 오기 때문에, 나는 외출할 수 없다.
3. ① 你喜欢他吗?　② 你爸爸身体健康吗?　③ 你妈妈去上班了吗?

조사 1 (这不是我的书)

'도울 助'에 '말씀 詞', 조사는 다른 말을 도와주거나 다른 말과의 문법적 관계를 나타내는 말이다. 단독으로는 하나의 문장 성분이 될 수 없다. 조사는 원래 성조 가 아닌 경성으로 읽는다.

기본 표현

Jīngāngshān de fēngjǐng tèbié měilì.
金刚山的风景特别美丽。
진깡산 더 펑징 터삐에 메이리
금강산의 경치는 무척 아름답습니다.

Zhè bú shì wǒ de shū.
这不是我的书。 이것은 나의 책이 아닙니다.
저 뿌 스 워 더 수

Xiǎng chī hěn duō hǎochī de dōngxi.
想 吃很多好吃的东西。
시앙 츠으 헌 뚜어 하오츠 더 똥시
맛있는 것 실컷 먹고 싶습니다.

Xīwàng nǐ yǒu měihǎo de wèilái.
希望你有美好的未来。
시왕 니 여우 메이하오 더 웨이라이
아름다운 미래가 있기를 바랍니다.

Wǒmen xuéxiào yǒu liǎng ge yóuyǒngchí.
我们学校有两个游泳池。
워먼 쉬에샤오 여우 량 거 여우용츠으
우리 학교에는 두 개의 수영장이 있습니다.

Wǒguó zhèngzài jìnxíng jīngjì gǎigé.

我国 正在 进行经济改革。

워꾸어 쩡짜이 진싱 징지 까이꺼

우리나라는 경제 개혁 중입니다.

문장 살펴보기

1. 구조조사

중국어 문장 안에서 어법 관계를 나타내는 조사로 '**的** de' '**地** de' '**得** de'
가 이에 해당한다.

(1) **的** de

① 명사/대사 + **的** + 명사

이때 '**的**'는 한정어 뒤에 오는 구조조사로서 주로 종속과 소유 관계를 나
타낸다.

Jīngāngshān de fēngjǐng

金刚山 的 风景 금강산의 경치

wǒ de shū

我的书 나의 책

② 동사/형용사 + **的** + 명사

이때 '**的**'는 한정어 뒤에 오는 구조조사로서 주로 수식과 피수식의 관계

새로 나온 단어

金刚山 Jīngāngshān 금강산

风景 fēngjǐng 경치, 풍경

东西 dōngxi 물건, 음식

希望 xīwàng 바라다, 희망하다

美好 měihǎo 아름답다, 행복하다

未来 wèilái 미래

游泳池 yóuyǒngchí 수영장

我国 wǒguó 우리나라

进行 jìnxíng (어떠한 활동을) 하다

经济 jīngjì 경제

改革 gǎigé 개혁(하다)

를 나타낸다.

hǎochī de dōngxi
好吃的东西 맛있는 것

měihǎo de wèilái
美好的未来 아름다운 미래

→ 한정어는 주로 명사를 수식하며, 수식을 받는 성분을 중심어라고 한다.

③ 的의 생략

인칭대사가 한정어가 될 때, 중심어가 소속(단체)관계나 인간(친척, 친구)
관계를 나타내는 명사라면 '的'를 생략할 수 있다.

wǒmen de xuéxiào
我们(的)学校 우리 학교

한정어와 명사가 하나의 낱말처럼 굳어진 경우도 '的'를 생략할 수 있다.

jīngjì de gǎigé
经济(的)改革 경제 개혁

실전 회화

Zhè shì nǐ de shū ma?
A **这是你的书吗?** 이것은 네 책이니?
저 스 니 더 수 마

Zhè bú shì wǒ de shū.
B **这不是我的书。** 이것은 나의 책이 아니야.
저 뿌 스 워 더 수

Nǐ de érzi zài gàn shénme?
A **你的儿子在干什么?**
니 더 얼쯔 짜이 깐 선머
네 아들은 뭐 하고 있니?

B
Tā zài rènzhēn de xuéxí.
他在认真地学习。
타 짜이 르언전 더 쉬에시
걔는 열심히 공부하고 있어.

A
Nǐ de xīnqíng zěnmeyàng?
你的心情怎么样? 네 기분은 어떠니?
니 더 신칭 쩐머양

B
Wǒ gāoxìng de bùdéliǎo.
我高兴得不得了。 기뻐서 어쩔 줄 모르겠어.
워 까오싱 더 뿌떠랴오

문장 살펴보기

(2) 地 de

동사 앞에 쓰여, 수식관계를 나타낸다.

nǔlì de gōngzuò
努力地 工作 열심히 일하다
rènzhēn de xuéxí
认真 地学习 열심히 공부하다

(3) 得 de

동사나 형용사 뒤에 쓰여, 정도나 결과 등을 나타내는 보어를 연결해 준다.

새로 나온 단어

儿子 érzi 아들
干 gàn 하다
认真 rènzhēn 성실하다

地 de 구조조사
得 de 구조조사
不得了 bùdéliǎo 매우 심하다

chī de hěn màn
吃得很慢　아주 천천히 먹는다

gāoxìng de bùdéliǎo
高兴得不得了　무척 기쁘다

교체 연습

Zhè bú shì wǒ de shū.
这不是我的 书 。　이것은 나의 책이 아니야.

qiánbāo
钱包　이것은 나의 지갑이 아니야.

zhìnéngbǐ
智能笔　이것은 나의 터치펜이 아니야.

wúrénjī
无人机　이것은 나의 드론이 아니야.

중국 격언

有缘千里来相会,
无缘对面不相逢.
Yǒuyuán qiānlǐ lái xiānghuì,
wúyuán duìmiàn bù xiāngféng.
인연이 있으면 천리 밖에 있어도 만나게 되고
인연이 없다면 마주보고 있어도 만날 수 없다.

새로 나온 단어

钱包 qiánbāo　지갑　　　无人机 wúrénjī　드론
智能笔 zhìnéngbǐ　(스마트폰) 터치펜

1. 다음 병음을 읽어보세요.

① Zhè shì nǐ de shū ma?

Zhè bú shì wǒ de shū.

② Nǐ de érzi zài gàn shénme?

Tā zài rènzhēn de xuéxí.

③ Nǐ de xīnqíng zěnmeyàng?

Wǒ gāoxìng de bùdéliǎo.

2. 다음 문장을 읽어보세요.

① 这是你的书吗?

这不是我的书。

② 你的儿子在干什么?

他在认真地学习。

③ 你的心情怎么样?

我高兴得不得了。

잡학중국어　너 내 스타일이야!

你是我的菜[니 스 워더 차이]는 중국 노래 제목으로도 나오는데 직역하면 '너는 나의 요리야' 그런데 실제로는 '너는 내 스타일이야!'라는 의미로 쓰인다.

菜[cài 차이]의 뜻은 '요리, 채소'이지만 광동어에서 '여자 친구'라는 뜻도 가지고 있어서 이런 말이 유행한다.

你是我的菜

1. 다음 간체자자의 발음을 써보세요.

① 东西 →　　　　　　　② 希望 →

③ 未来 →　　　　　　　④ 儿子 →

⑤ 认真 →　　　　　　　⑥ 风景 →

2. 다음 문장을 해석하세요.

① 这不是我的书。_____

② 你的儿子在干什么? _____

③ 他在认真地学习。_____

④ 我高兴得不得了。_____

3. 다음 한어병음을 간체자로 옮기세요.

① Zhè shì nǐ de shū ma?_____

② Xīwàng nǐ yǒu měihǎo de wèilái. _____

③ Nǐmen xuéxiào yǒu yóuyǒngchí ma? _____

1. ① dōngxi　② xīwàng　③ wèilái　④ érzi　⑤ rènzhēn　⑥ fēngjǐng
2. ① 이것은 나의 책이 아니야.　② 네 아들은 뭐 하고 있니?　③ 그는 열심히 공부하고 있어.　④ 기뻐서 어쩔 줄 모르겠어.
3. ① 这是你的书吗?　② 希望你有美好的未来。　③ 你们学校有游泳池吗?

조사 2 (卧室门开着)

동태조사 '了 le' '着 zhe' '过 guo'는 동사 뒤에 와서 동작의 변화나 상태를 나타 낸다.

기본 표현

Wǒ bǎ nà běn xiǎoshuō kàn wán le.
我把那本小说看完了。
워 빠 나 뻔 샤오수어 칸 완 러
저는 그 소설책을 다 읽었습니다.

Nǐ zěnme hái méi qǐchuáng?
你怎么还没起床？ 너 왜 아직 일어나지 않아?
니 쩐머 하이 메이 치츠우앙

Wǒ xiàle bān cái néng qù.
我下了班才能去。
워 시아러 빤 차이 넝 취
저는 퇴근하고 나서야 갈 수 있습니다.

Nǐ nàixīn děngzhe ba!
你耐心等着吧! 너 참고 기다려라!
니 나이신 떵저 바

Wòshì mén kāizhe.
卧室门开着。 침실 문이 열려 있습니다.
워스 먼 카이저

Yǔ bùtíng de xiàzhe.
雨不停地下着。 비가 끊임없이 내리고 있습니다.
위 뿌팅 더 시아저

2. 동태조사

동사 뒤에 쓰여, 부가적 의미를 나타내는 조사로 了, 着, 过가 있다.

(1) 了 le

① 동작이 이미 완료되었음을 나타낸다.

Kàn wán le.
看 完 了。 다 읽었다.

Hái méi qǐchuáng.
还 没 起床 。 아직 일어나지 않았다.

* 부정은 서술어 앞에 '没(有)'를 쓰고 '了'를 뺀다.

② 앞의 동작이 끝나고, 이후 다른 동작이 이어짐을 나타낸다.

Wǒ xiàle bān cái néng qù.
我 下 了 班 才 能 去。 나는 퇴근하고서야 갈 수 있다.

(2) 着 zhe

① 동작의 지속을 나타낸다.

Nǐ děngzhe ba!
你 等 着 吧! 너 기다리고 있어라!

새로 나온 단어

小说 xiǎoshuō 소설
完 wán 다하다, 끝내다
起床 qǐchuáng 일어나다, 기상하다
下班 xiàbān 퇴근하다
才 cái ~에야 비로소
耐心 nàixīn 참을성이 있다
等 děng 기다리다

着 zhe ~해 있다, ~하고 있다
卧室 wòshì 침실
门 mén 문
开 kāi 열다
雨 yǔ 비
不停 bùtíng 끊임없이
下 xià 내리다

② 상태의 지속을 나타낸다.

Mén kāi zhe.
门 开 着。 문이 열려 있다.

Yǔ bùtíng de xiàzhe.
雨不停地下 着。 비가 끊임없이 내리고 있다.

실전 회화

Nǐ zěnme hái méi lái?
A 你怎么还没来？ 너 왜 아직 오지 않아?
니 쩐머 하이 메이 라이

Wǒ xiàle bān cái néng qù.
B 我下了班才能去。
워 시아러 빤 차이 넝 취
나는 퇴근하고서야 갈 수 있어.

Tā yě hái méi lái ne.
A 他也还没来呢。 그도 아직 안 오네.
타 예 하이 메이 라이 너

Nǐ nàixīn děngzhe ba!
B 你耐心等着吧! 참고 기다려봐!
니 나이신 떵저 바

Nǐ xuéguo Xībānyáyǔ ma?
A 你学过西班牙语吗？
니 쉬에꿔 시빤야위 마
너 스페인어를 배운 적이 있니?

B

Wǒ cónglái méi xuéguo　Xībānyáyǔ.
我从来没学过西班牙语。
워 총라이 메이 쉬에꿔 시빤야위

나는 여태껏 스페인어를 배운 적이 없어.

문장 살펴보기

(3) 过 guo

동사 뒤에 쓰여, 과거의 동작을 나타내며, 특히 어떠한 경험이 있음을 강조한다.

Xuéguo Xībānyáyǔ.
学过西班牙语。 스페인어를 배운 적이 있다.

Chīguo Zhōngguócài.
吃过 中国菜 。 중국 요리를 먹어 본 적이 있다.

교체 연습

Nǐ xuéguo	Xībānyáyǔ	ma?	
你学过	**西班牙语**	**吗?**	너 스페인어를 배운 적이 있니?
	Fǎyǔ		
	法语		너 프랑스어를 배운 적이 있니?
	Hànyǔ		
	汉语		너 중국어를 배운 적이 있니?
	Éyǔ		
	俄语		너 러시아어를 배운 적이 있니?

새로 나온 단어

学 xué 배우다   法语 Fǎyǔ 프랑스어

西班牙语 Xībānyáyǔ 스페인어   汉语 Hànyǔ 중국어

从来 cónglái 여태껏, 지금까지   俄语 Éyǔ 러시아어

1. 다음 병음을 읽어보세요.

① Nǐ zěnme hái méi lái?

Wǒ xiàle bān cái néng qù.

② Tā yě hái méi lái ne.

Nǐ nàixīn děngzhe ba!

③ Nǐ xuéguo Xībānyáyǔ ma?

Wǒ cónglái méi xuéguo Xībānyáyǔ.

2. 다음 문장을 읽어보세요.

① 你怎么还没来?

我下了班才能去。

② 他也还没来呢。

你耐心等着吧!

③ 你学过西班牙语吗?

我从来没学过西班牙语。

 시빤야?

西班牙[Xībānyá 시빤야]는 '에스파냐'의 음역어로 '스페인'을 가리킨다. 스페인의 수도는 马德里[Mǎdélǐ 마떠리]로 '마드리드'를 가리킨다.

중국에서는 외래어를 주로 의역해서 사용하지만 국명이나 지명은 주로 음역을 한다.

－加拿大[Jiānádà 지아나따] 캐나다
－墨西哥[Mòxīgē 모시꺼] 멕시코

1. 다음 간체자자의 발음을 써보세요.

① 起床 →　　　　　② 下班 →

③ 不停 →　　　　　④ 从来 →

⑤ 小说 →　　　　　⑥ 着 →

2. 다음 문장을 해석하세요.

① 你怎么还没来?＿＿＿＿＿＿＿＿＿＿＿＿＿

② 我下了班才能去。＿＿＿＿＿＿＿＿＿＿＿＿

③ 你学过西班牙语吗?＿＿＿＿＿＿＿＿＿＿＿

④ 我把那本小说看完了。＿＿＿＿＿＿＿＿＿

3. 다음 한어병음을 간체자로 옮기세요.

① Nǐ nàixīn děngzhe ba! ＿＿＿＿＿＿＿＿＿＿

② Wǒ cónglái méi xuéguo Xībānyáyǔ. ＿＿＿＿＿

③ Wòshì mén kāizhe. ＿＿＿＿＿＿＿＿＿＿＿＿

---

1. ① qǐchuáng　② xiàbān　③ bùtíng　④ cónglái　⑤ xiǎoshuō　⑥ zhe
2. ① 너 왜 아직 오지 않아?　② 나는 퇴근하고서야 갈 수 있어.　③ 너 스페인어를 배운 적이 있니?　④ 나는 그 소설책을 다 읽었다.
3. ① 你耐心等着吧!　② 我从来没学过西班牙语。　③ 卧室门开着。

조사 3 (我的手机呢?)

어기조사 '吗 ma' '呢 ne' '吧 ba' 등 문장 끝에 와서 의문·청유·명령 등의 어기를 나타낸다.

기본 표현

Nǐ huì shuō Hànyǔ ma?
你会说汉语吗? 당신은 중국어를 할 수 있어요?
니 훼이 수어 한위 마

Tā shì shéi ne?
她是谁呢? 그녀는 누구입니까?
타 스 쉐이 너

Wǒ de shǒujī ne?
我的手机呢? 제 휴대전화는요?
워 더 서우지 너

Jīntiān bùxíng, míngtiān ne?
今天不行, 明天呢?
진티엔 뿌싱, 밍티엔 너
오늘은 안 돼요, 내일은 어때요?

Wǒmen yìqǐ zǒu ba.
我们一起走吧。 우리 함께 갑시다.
워먼 이치 쩌우 바

새로 나온 단어

呢 ne 의문의 어기를 나타냄
不行 bùxíng 안 된다

这样 zhèyàng 이렇게, 이러한

Hǎo ba, jiù zhèyàng.

好吧, 就这样。 좋아요, 이렇게 합시다.

하오 바, 지우 저양

문장 살펴보기

3. 어기조사

문장 끝에 쓰여, 어기를 나타내는 조사로 吗 ma, 呢 ne, 吧 ba, 了 le, 啊 a 등이 있다.

(1) 吗 ma

의문을 나타낸다.

Nǐ huì shuō Hànyǔ ma?

你会 说 汉语 吗? 너는 중국어를 할 줄 아니?

(2) 呢 ne

① 의문문이나 반어문에 쓰여, 어기를 완화시킨다.

Tā shì shéi ne?

她是谁 呢? 그녀는 누구니?

② 사람이나 사물이 안 보이거나 없어졌을 때, 어디에 있는지를 묻는 데에 쓰인다.

Wǒ de shǒujī ne?

我的手机 呢? 내 휴대전화는?

③ 명사나 대사 뒤에 쓰여, '怎么样 zěnmeyàng'이나 '在哪儿 zài nǎr'을 대신한다.

Jīntiān bùxíng, míngtiān ne?

今天 不 行, 明天 呢? 오늘은 안 돼, 내일은 어때?

* 呢가 여기에선 '怎么样'의 역할을 한다.

Wǒ xiànzài zài chāoshì, nǐ ne?

我 现在 在 超市, 你呢? 나는 지금 마트에 있는데, 너는?

*여기에선 '在哪儿'을 대신한다.

(3) 吧 ba

① 명령 · 상의 · 제안의 의미를 나타낸다.

Wǒmen yìqǐ zǒu ba.
我们 一起走 吧 。 우리 함께 가자.

② 동의나 승낙을 나타낸다.

Hǎo ba, jiù zhèyàng.
好 吧, 就 这样 。 좋아, 이렇게 하자.

실전 회화

Xiàwǔ wǒmen yìqǐ qù, hǎo ma?
A **下午我们一起去, 好吗?**
시아우 워먼 이치 취, 하오 마
오후에 우리 함께 가자, 괜찮아?

Jīntiān bùxíng, míngtiān ne?
B **今天不行, 明天呢?**
진티엔 뿌싱, 밍티엔 너
오늘은 안 돼, 내일은 어때?

Nà míngtiān qù ba.
A **那明天去吧。** 그러면 내일 가자.
나 밍티엔 취 바

Shíjiān guò de zhēn kuài a!
B **时间过得真快啊!**
스지엔 꾸어 더 전 콰이 아
시간이 정말 빨리 지나가네!

A
Shuō de yě shì, wǒ gāi zǒu le.
说得也是, 我该走了。
수어 더 이에스, 워 까이 쩌우 러
그러게 말이야, 이만 가봐야겠어.

B
Nǐ lùshang yídìng yào xiǎoxīn a!
你路上一定要小心啊!
니 루상 이띵 야오 샤오신 나
가는 길 조심해서 가!

새로 나온 단어

下午 xiàwǔ   오후, 하오

那 nà   그러면, 그렇다면

过 guò   지나다

真 zhēn   정말(로)

快 kuài   빠르다

啊 a   감탄의 어기를 나타냄

是 shì   맞다, 옳다

该 gāi   ~해야 한다

路上 lùshang   도중, 길에서

一定 yídìng   꼭, 반드시

要 yào   ~해야 한다

小心 xiǎoxīn   조심하다, 주의하다

(4) 了 le

새로운 상황이 출현하였거나 상태가 변화되었음을 나타낸다.

Xiànzài bā diǎn le.
现在八点了。 8시가 되었다.

Shēntǐ jiànkāng le.
身体 健康 了。 몸이 건강해졌다.

(5) 啊 a

긍정이나 당부 등의 어기를 나타낸다.

Shíjiān guò de zhēn kuài a!
时间 过得 真 快啊! 시간이 정말 빨리 지나가네!

Nǐ lùshàng yídìng yào xiǎoxīn a!
你 路上 一定 要 小心啊! 도중에 꼭 길 조심해야 해!

교체 연습

Wǒ de | shǒujī | ne?
我的 | 手机 | 呢? 내 휴대전화는?

pídài
皮带 내 가죽 혁대는?

shǒubiǎo
手表 내 손목시계는?

jièzhi
戒指 내 반지는?

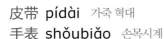

새로 나온 단어

皮带 pídài 가죽 혁대   戒指 jièzhi 반지
手表 shǒubiǎo 손목시계

1. 다음 병음을 읽어보세요.

① Xiàwǔ wǒmen yìqǐ qù, hǎo ma?

Jīntiān bùxíng, míngtiān ne?

② Nà míngtiān qù ba.

Shíjiān guò de zhēn kuài a!

③ Shuō de yě shì, wǒ gāi zǒu le.

Nǐ lùshàng yídìng yào xiǎoxīn a!

2. 다음 문장을 읽어보세요.

① 下午我们一起去，好吗?

今天不行，明天呢?

② 那明天去吧。

时间过得真快啊!

③ 说得也是，我该走了。

你路上一定要小心啊!

 액세서리

饰品[shìpǐn 스핀]은 '액세서리'의 뜻으로, '액세서리점' 은 饰品店[shìpǐndiàn 스핀띠엔]이라고 한다.

－正在营业[zhèngzài yíngyè 정짜이 잉이에] 영업중
－项链[xiàngliàn 샹리엔] 목걸이
－耳环[ěrhuán 얼환] 귀고리

1. 다음 간체자자의 병음을 써보세요.

① 这样 →　　　　　　　　② 呢 →

③ 不行 →　　　　　　　　④ 啊 →

⑤ 下午 →　　　　　　　　⑥ 一定 →

2. 다음 문장을 해석하세요.

① 今天不行，明天呢? ＿＿＿＿＿＿＿＿＿＿＿＿＿＿＿

② 时间过得真快啊! ＿＿＿＿＿＿＿＿＿＿＿＿＿＿＿

③ 说得也是，我该走了。＿＿＿＿＿＿＿＿＿＿＿＿＿＿＿

④ 好吧，就这样。＿＿＿＿＿＿＿＿＿＿＿＿＿＿＿

3. 다음 한어병음을 간체자로 옮기세요.

① Nǐ lùshang yídìng yào xiǎoxīn a!　＿＿＿＿＿＿

② Xiàwǔ wǒmen yìqǐ qù, hǎo ma?　＿＿＿＿＿＿

③ Wǒ xiànzài zài chāoshì.　＿＿＿＿＿＿

---

1. ① zhèyàng　② ne　③ bùxíng　④ a　⑤ xiàwǔ　⑥ yídìng
2. ① 오늘은 안 돼, 내일은 어때?　② 시간이 정말 빨리 지나가네!　③ 그러게 말이야,
　이만 가봐야겠어.　④ 좋아, 이렇게 하자.
3. ① 你路上一定要小心啊!　② 下午我们一起去，好吗?　③ 我现在在超市。

보어 1 (她唱得很好)

보어는 술어인 동사나 형용사 뒤에 와서 술어를 보충 설명해 주는 단어로, 술어의 정도 · 결과 · 방향 등을 나타낸다.

기본 표현

Tā chàng de hěn hǎo.
她唱得很好。 그녀는 노래를 아주 잘 부릅니다.
타 츠앙 더 헌 하오

Tā bàng jí le.
他棒极了。 그는 정말 멋집니다.
타 빵 지 러

Wǒ chàng de bù hǎo.
我唱得不好。 나는 노래를 잘 못 부릅니다.
워 츠앙 더 뿌 하오

Zhōngyú bǎ zhè fēng xìn xiě wán le.
终于把这封信写完了。
종위 빠 저 펑 신 시에 완 러
마침내 이 편지를 다 썼습니다.

Chǎofàn zuò hǎo le.
炒饭做好了。 볶음밥이 다 됐습니다.
츠아오판 쭈어 하오 러

Hái méi (yǒu) zuò hǎo zhǔnbèi.
还没(有)做好准备。
하이 메이(여우) 쭈어 하오 준뻬이
아직 준비를 다 못 했습니다.

1. 정도보어

동작이나 상태가 어떤 정도에 도달했음을 나타내며, '很 hěn, 好 hǎo, 怎么样 zěnmeyàng' 등이 있다.

(1) 긍정형: 술어 + 得 + 정도보어

술어 + 极了, 坏了, 多了

唱 得很好 노래를 아주 잘 부른다
chàng de hěn hǎo

棒 极了 정말 멋지다
bàng jí le

(2) 부정형: 술어 + 得 + 不 + 정도보어

唱 得不好 노래를 잘 하지 못한다.
chàng de bù hǎo

2. 결과보어

동작의 결과를 나타내며, '完 wán, 好 hǎo, 见 jiàn, 到 dào, 对 duì, 干净 gānjìng' 등이 있다.

(1) 긍정형: 술어 + 결과보어

写完了 다 썼다
xiě wán le

做 好了 다 했다
zuò hǎo le

새로 나온 단어

唱 chàng 노래하다
棒 bàng 훌륭하다, (수준이) 높다
终于 zhōngyú 마침내, 결국
封 fēng 통(편지 등을 세는 단위)

信 xìn 편지
炒饭 chǎofàn 볶음밥
准备 zhǔnbèi 준비하다

(2) 부정형: 没(有) + 술어 + 결과보어

méi(yǒu) xiě wán
没(有)写完　다 못 썼다

hái méi(yǒu) zuòhǎo
还没(有)做好　아직 다 못 했다

A
Tā xiě wán le ma?
他写完了吗?　그는 다 썼니?
타 시에 완 러 마

B
Hái méi yǒu.
还没有。　아직요.
하이 메이여우

A
Nǐ yào yìzhí děng xiàqu ma?
你要一直等下去吗?
니 야오 이즈 떵 시아취 마
너 계속해서 기다릴 거야?

B
Bù, kàn qǐlai yào xiàxuě le.
不，看起来要下雪了。
뿌, 칸 치라이 야오 샤쉬에 러
아니, 보아하니 막 눈이 오려고 해.

A
Tā wèishénme yìzhí pǎo lái pǎo qù?
她为什么一直跑来跑去?
타 웨이선머 이즈 파오 라이 파오 취
그녀는 왜 계속 이리저리 뛰어다니고 있어?

B

Jīntiān shì tèbié duō.
今天事特别多。 오늘은 일이 유달리 많아.
진티엔 스 터삐에 뚜어

3. 방향보어

동작이나 행위의 방향을 나타내며, **来** lái, **去** qù, **上** shàng, **下** xià, **起** qǐ 등이 있다. **来**는 화자에게 가까이 오는 것을 가리키고, **去**는 화자에게서 멀어지는 것을 말합니다.

(1) 단순 방향보어: 술어 + 방향보어

pǎo lái
跑来 달려오다
pǎo qù
跑去 달려가다

(2) 복합 방향보어: 술어 + 방향보어 + **来/去**

kàn qǐlai
看起来 보아하니
shuō xiàqu
说下去 계속 말하다

새로 나온 단어

一直 yìzhí 계속해서, 줄곧

下去 xiàqu 정도가 더 심해짐을 나타냄

起来 qǐlai 견해를 나타냄

下雪 xiàxuě 눈이 내리다

为什么 wèishénme 왜, 어째서

跑 pǎo 달리다, 뛰다

Chǎofàn 炒饭	zuòhǎo le. 做好了。	볶음밥이 다 됐다.
Chǎomiàn 炒面		볶음면이 다 됐다.
Fāngbiànmiàn 方便面		라면이 다 됐다.
Jiǎozi 饺子		교자가 다 됐다.

중국 격언

真正的强者，不是没有眼泪的人，
而是含着眼泪依然奔跑的人。
Zhēnzhèng de qiángzhě búshì méiyǒu yǎnlèi de rén
érshì hánzhe yǎnlèi yīrán bēnpǎo de rén
진정한 강자는 눈물을 흘리지 않는 사람이 아니라,
눈물을 흘리면서도 의연히 달리는 사람이다.

爱情使人忘记时间，时间也使人忘记爱情。
Àiqíng shǐ rén wàngjì shíjiān, shíjiān yě shǐ rén wàngjì àiqíng.
사랑이 시간을 잊게 하듯, 시간도 사랑을 잊게 만든다.

새로 나온 단어

炒面 chǎomiàn 볶음면   饺子 jiǎozi 교자, 만두
方便面 fāngbiànmiàn 라면

1. 다음 병음을 읽어보세요.

① Tā xiě wán le ma?

Hái méiyǒu.

② Nǐ yào yìzhí děng xiàqu ma?

Bù, kàn qǐlai yào xiàxuě le.

③ Wèishénme yìzhí pǎo lái pǎo qù.

Jīntiān shì tèbié duō.

2. 다음 문장을 읽어보세요.

① 他写完了吗?

还没有。

② 你要一直等下去吗?

不，看起来要下雪了。

③ 为什么一直跑来跑去。

今天事特别多。

 棒[bàng]은 몽둥이(?)

棒[bàng 빵]은 '막대기, 몽둥이'의 뜻이지만, 구어에서는 주로 '(어떤 수준이) 높거나 뛰어남'을 나타낸다.

－棒球[bàngqiú 빵치우] 야구

－真棒[zhēng bàng 전 빵] 매우 대단하다!

1. 다음 간체자자의 발음을 써보세요.

① 准备 →   ② 棒 →

③ 炒饭 →   ④ 下雪 →

⑤ 终于 →   ⑥ 为什么 →

2. 다음 문장을 해석하세요.

① 他一直在写下去. _____

② 看起来要下雪了. _____

③ 为什么一直跑来跑去? _____

④ 今天事特别多. _____

3. 다음 한어병음을 간체자로 옮기세요.

① Tā xiě wán le ma? _____

② Hái méiyǒu. _____

③ Tā chàng de hěn hǎo. _____

1. ① zhǔnbèi ② bàng ③ chǎofàn ④ xiàxuě ⑤ zhōngyú ⑥ wèishénme
2. ① 그는 계속 써내려 가고 있어. ② 보아하니 막 눈이 오려고 해. ③ 왜 계속 이리 저리 뛰어다니고 있어? ④ 오늘은 일이 유달리 많아.
3. ① 他写完了吗? ② 还没有. ③ 她唱得很好.

보어 2 (我们都能坐得下吗?)

보어는 술어의 가능이나 동작이 지속되는 시간 및 동작의 횟수 등을 나타내기
도 한다.

기본 표현

Wǒmen dōu néng zuò de xià ma?
我们都 能 坐得下吗?
워먼 떠우 넝 쭈어 더 시아 마
우리 모두 앉을 수 있을까요?

Zhíshēngjī zuò bu xià zhème duō rén.
直升机坐不下这么多人。
즈성지 쭈어 부 시아 저뭐 뚜어 르언
헬리콥터는 이렇게 많은 사람이 탈 수 없습니다.

Zuòyè tài duō le, wǒ zuò bu wán.
作业太多了, 我做不完。
쭈어이에 타이 뚜어 러, 워 쭈어 부 완
숙제가 너무 많아 다 못했습니다.

Zhème duō de cài, nǐ chī de liǎo chī bu liǎo?
这么多的菜, 你吃得了吃不了?
저머 뚜어 더 차이, 니 츠으 더 랴오 츠으 부 랴오
이렇게 많은 요리를 당신은 다 먹을 수 있나요?

Wǒmen yǐjing xuéle sān nián de Yīngyǔ.
我们已经学了三年的英语。
워머 이징 쉬에러 싼 니엔 더 잉위
우리는 이미 3년간 영어를 배웠다.

Wǒ děngle nǐ yí ge xiǎoshí.

我等了你一个小时。

워 떵러 니 이 거 샤오스

나는 너를 한 시간 동안 기다렸다.

문장 살펴보기

4. 가능보어

동작이 어떤 결과나 상황에 도달할 수 있는 가능성을 나타낸다.

(1) 긍정형: 술어 + **得** + 가능보어

술어 + **得** + **了**(liǎo)

zuò de wán
做得完 다 할 수 있다

zuò de xià
坐得下 앉을 수 있다

chī de liǎo
吃得了 다 먹을 수 있다

(2) 부정형: 술어 + **不** + 결과보어/방향보어

술어 + **不** + **了**

zuò bu wán
做不完 (너무 많아서) 다할 수 없다

새로 나온 단어

坐 zuò 앉다, 타다
下 xià 위에서 아래로 향해 움직이
는 것을 나타냄
直升机 zhíshēngjī 헬리콥터
这么 zhème 이렇게, 이러한
太 tài 너무, 아주

了 le 부사 '太, 可와 호응하여 성
질 · 상태를 강조함
得了 de liǎo ~할 수가 있다
不了 bu liǎo ~할 수가 없다
年 nián 년, 해
小时 xiǎoshí 시간

zuò bu xià
坐不下　(자리가 모자라서 / 좁아서) 앉을(탈) 수 없다

chī bu liǎo
吃不了　(배가 불러서) 더 먹을 수 없다

5. 시량보어

술어 뒤에 쓰여 동작이 지속되는 시간을 나타낸다.

(1) 동사 + 了(le) + 시량보어

Xuéle sān nián.
学了三 年 。 3년을 배웠다.

(2) 동사 + 了(le) + 인칭대사 + 시량보어

Wǒ děngle nǐ yí ge xiǎoshí.
我等了你一个 小时 。 나는 너를 한 시간 동안 기다렸다.

실전 회화

Duìbuqǐ,　　ràng nǐ jiǔděng le.
A 对不起, 让你久等了。
뛔이부치, 르앙 니 지우떵 러
미안해, 오래 기다리게 해서.

Āi yā,　wǒ děngle nǐ　yíge　xiǎoshí.
B 哎呀, 我等了你一个小时。
아이야, 워 떵러 니 이 거 샤오스
아이고! 너를 한 시간이나 기다렸어.

Nǐ kàn qǐlai hěn shēngqì.
A 你看起来很生气。
니 칸 치라이 헌 성치
보아하니 너 화가 많이 났구나.

B
Méiyǒu, kuài diǎnr jìnlái ba.
没有, 快点儿进来吧。
메이여우, 콰이 띠얼 진라이 바
아니야, 어서 들어와.

A
Nǐ jiànguo tā jǐ cì?
你见过他几次? 너는 그를 몇 번 만났니?
니 지엔꿔 타 지 츠

B
Wǒ zhǐ jiànguo tā yí cì.
我只见过他一次。 나는 그를 한 번만 만났어.
워 즈 지엔꿔 타 이 츠

문장 살펴보기

6. 동량보어

술어 뒤에 쓰여 동작의 횟수를 나타낸다.

(1) 동사 + 过 + 동량보어

Wǒ kànguo sān cì.
我 看过 三次。 나는 세 번 보았다.

(2) 동사 + 过 + 동량보어 + 목적어

Wǒ qùguo yí cì Zhōngguó.
我 去过一次 中国 。 나는 중국에 한 번 가보았다.

새로 나온 단어

对不起 duìbuqǐ 미안합니다
让 ràng ~하게 하다
久等 jiǔděng 오래 기다리다

哎呀 āiyā 아야! 아이고! 어머!
生气 shēngqì 화내다
进来 jìnlái 들어오다

(3) 동사 + 过 + 인칭대사 + 동량보어

Wǒ jiànguo tā yí cì.
我 见过 他一次。 나는 그를 한 번 만났다.

교체 연습

Kàn qǐlai tā hěn shēngqì.
看起来 他很 生气 。 그는 아주 화가 나 보인다.

lǎoshi
老实 그는 아주 성실해 보인다.

cuìruò
脆弱 그는 아주 연약해 보인다.

lèi
累 그는 아주 피곤해 보인다.

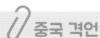

중국 격언

只要有信心，人永远不会挫败。
Zhǐyào yǒu xìnxīn, rén yǒngyuǎn búhuì cuòbài.
자신만 있다면 영원히 좌절하지 않을 것이다.

创造机会的人是勇者，等待机会的人是愚者。
Chuàngzào jīhuì de rén shì yǒngzhě, děngdài jīhuì de rén shì
yúzhě.
기회를 만들어 내는 사람은 용감한 자이고, 기회를 기다리는 사람은 어리석
은 자다.

새로 나온 단어

老实 lǎoshi 성실하다, 솔직하다   累 lèi 피곤하다
脆弱 cuìruò 연약하다

1. 다음 병음을 읽어보세요.

① Duìbuqǐ, ràng nǐ jiǔděng le.

Āiyā, wǒ děngle nǐ yí ge xiǎoshí.

② Nǐ kàn qǐlai hěn shēngqì.

Méiyǒu, kuài diǎnr jìnlái ba.

③ Nǐ jiànguo tā jǐ cì?

Wǒ zhǐ jiànguo tā yí cì.

2. 다음 문장을 읽어보세요.

① 对不起，让你久等了。

哎呀，我等了你一个小时。

② 你看起来很生气。

没有，快点儿进来吧。

③ 你见过他几次?

我只见过他一次。

 헬리콥터

直升机[zhíshēngjī 즈성지]는 '헬리콥터'의 뜻으로, 직역하면 '수직으로 올라가는 기계'로서 의역하여 만든 단어이다.

－飞机[fēijī 페이지] 비행기
－无人机[wúrénjī 우르언지] 드론

1. 다음 간체자자의 발음을 써보세요.

① 这么 →   ② 坐 →

③ 年 →   ④ 太 →

⑤ 久等 →   ⑥ 小时 →

2. 다음 문장을 해석하세요.

① 哎呀，我等了你一个小时。_____

② 你见过他几次? _____

③ 我们都能坐得下吗? _____

④ 作业太多了，我做不完。_____

3. 다음 한어병음을 간체자로 옮기세요.

① Duìbuqǐ, ràng nǐ jiǔděng le. _____

② Nǐ kàn qǐlai hěn shēngqì. _____

③ Wǒ jiànguo tā liǎng cì. _____

1. ① zhème ② zuò ③ nián ④ tài ⑤ jiǔděng ⑥ xiǎoshí
2. ① 야, 너를 한 시간 동안이나 기다렸어. ② 너는 그를 몇 번 만났니? ③ 우리 모두
앉을 수 있을까요? ④ 숙제가 너무 많아 다 못했다
3. ① 对不起，让你久等了。 ② 你看起来很生气。 ③ 我见过他两次。

비교문 1(今天比昨天热)

비교문은 크게 사람이나 사물의 차이를 전치사 '比 bǐ'가 들어간 비교문과 '比 bǐ'가 들어가지 않은 비교문으로 나눌 수 있다.

기본 표현

Jīntiān bǐ zuótiān rè.
今天比昨天热。 오늘은 어제보다 덥습니다.
진티엔 삐 쭈어티엔 르어

Māma bǐ bàba gèng máng.
妈妈比爸爸更忙。 엄마는 아빠보다 더 바쁩니다.
마마 삐 빠바 껑 망

Tā bǐ wǒ hái niánqīng ne.
她比我还年轻呢。 그녀는 나보다 더 젊습니다.
타 삐 워 하이 니엔칭 너

Jīntiān bǐ zuótiān hái rè.
今天比昨天还热。 오늘은 어제보다 더 덥습니다.
진티엔 삐 쭈어티엔 하이 르어

Tā bǐ wǒ gāo sān gōngfēn.
她比我高三公分。 그녀는 나보다 3cm 큽니다.
타 삐 워 까오 싼 꽁펀

새로 나온 단어

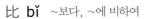

比 bǐ ~보다, ~에 비하여

更 gèng 더, 더욱

忙 máng 바쁘다

还 hái 더, 더욱

年轻 niánqīng 젊다

公分 gōngfēn 센티미터(cm)

重 zhòng 무겁다

斤 jīn 근(500g)

Wǒ bǐ nǐ zhòng bā jīn.

我比你 重 八斤。 나는 당신보다 4kg이 더 무겁다.

워 삐 니 종 빠 진

1. '比'를 사용한 비교문

양자를 비교하거나 그 성질과 상황의 정도 차이를 표현하며, 'A는 B보다 ~하다'라는 의미를 나타낸다.

(1) A + 比 + B + (更 gèng / 还 hái) + 결과(술어)

Jīntiān bǐ zuótiān rè.
今天比昨天 热。 오늘은 어제보다 덥다.

Māma bǐ bàba gèng máng.
妈妈比爸爸更 忙 。 엄마는 아빠보다 더 바쁘다.

Tā bǐ wǒ hái dà.
她比我还大。 그녀는 나보다 나이가 더 많다.

* '大 dà'는 여러가지 품사로 쓰이나, 여기서는 형용사로 쓰여 '(나이가) 많다'의 뜻이다.

Jīntiān bǐ zuótiān hái rè.
今天比昨天 还热。 오늘은 어제보다 더 덥다.

(2) A + 比 bǐ + B + 결과(술어) + 차이의 정도

Tā bǐ wǒ gāo sān gōngfēn.
她比我 高 三 公分 。 그녀는 나보다 3cm 크다.

* '公分 gōngfēn'은 cm, '米 mǐ'는 m(미터 meter)를 가리킨다.

Wǒ bǐ nǐ zhòng bā jīn.
我比你 重 八斤。 나는 당신보다 4kg이 더 무겁다.

* 몸무게 포함 무게를 말할 때 주로 '斤'을 사용한다. 간혹 kg(公斤 gōngjīn)을 사용하기도 한다.

Jīntiān bǐ zuótiān hái rè.

A 今天比昨天还热。 오늘은 어제보다 더 더워.

진티엔 삐 쭈어티엔 하이 르어

Shì a, míngtiān gèng rè.

B 是啊, 明天更热。 맞아, 내일은 더 더워.

스 아, 밍티엔 껑 르어

Tā bǐ nǐ gāo jǐ gōngfēn?

A 她比你高几公分?

타 삐 니 까오 지 꽁펀

그녀는 너보다 몇 cm 크니?

Tā bǐ wǒ gāo sān gōngfēn.

B 她比我高三公分。 그녀는 나보다 3cm 커.

타 삐 워 까오 싼 꽁펀

Gōngjiāochē bǐ chéngtiě kuài ma?

A 公交车比城铁快吗?

꽁쟈오츠으 삐 츠엉티에 콰이 마

버스는 도시철도보다 빠르니?

Gōngjiāochē bù bǐ chéngtiě kuài.

B 公交车不比城铁快。

꽁쟈오츠으 뿌 삐 츠엉티에 콰이

버스는 도시철도보다 빠르지 않아.

새로 나온 단어

公交车 gōngjiāochē 버스　　　　城铁 chéngtiě 도시철도

(3) A + **不比** + B + 결과(술어)

比 문장을 부정할 때는 **不比**라고 하면 된다.

'**不比** bù bǐ'는 '~보다 ~하지 않다'로 숙어처럼 익혀 두자.

Jīntiān bù bǐ zuótiān rè.
今天不比昨天 热。 오늘은 어제보다 덥지 않다.

Gōngjiāochē bù bǐ chéngtiě kuài.
公交车 不比 城铁 快。 버스는 도시철도보다 빠르지 않다.

버스는 **公共汽车**[gōnggòng qìchē] 라고도 하는데 주로 대만에서 잘 쓰는 말이다. 공항버스는 **机场大巴**[jīchǎng dàbā]라고 한다. 시내버스는 **市内公交**[shìnèi gōngjiāo], 고속버스는 **高速公路巴士**[gāosùgōnglù bāshì]라고 한다.

Tā bǐ wǒ hái niánqīng.
她比我还 年轻。 그녀는 나보다 더 젊다.

piàoliang
漂亮 그녀는 나보다 더 아름답다.

miáotiao
苗条 그녀는 나보다 더 날씬하다.

mǐngǎn
敏感 그녀는 나보다 더 예민하다.

새로 나온 단어

苗条 miáotiao 날씬하다   敏感 mǐngǎn 예민하다, 민감하다

1. 다음 병음을 읽어보세요.

① Jīntiān bǐ zuótiān hái rè.

　Shì a, míngtiān gèng rè.

② Tā bǐ nǐ gāo jǐ gōngfēn?

　Tā bǐ wǒ gāo sān gōngfēn.

③ Gōngjiāochē bǐ chéngtiě kuài ma?

　Gōngjiāochē bù bǐ chéngtiě kuài.

2. 다음 문장을 읽어보세요.

① 今天比昨天还热。　　　② 她比你高几公分?

　是啊, 明天更热。　　　　她比我高三公分。

③ 公交车比城铁快吗?

　公交车不比城铁快。

잡학 중국어　도시철도

城铁[chéngtiě 츠엉티에]는 '城市铁路[chéngshì tiělù 츠엉스 티에루]'의 줄임말로 '도시철도'라는 뜻이다.

−火车[huǒchē 후어츠어] 기차, 열차

−地铁[dìtiě 띠티에] 지하철

−高铁[gāotiě 까오티에] 고속 철도

1. 다음 간체자자의 발음을 써보세요.

① 比 →   ② 更 →

③ 还 →   ④ 斤 →

⑤ 年轻 →   ⑥ 城铁 →

2. 다음 문장을 해석하세요.

① 今天比昨天还热。_____

② 她比我高三公分。_____

③ 公交车比城铁快吗? _____

④ 公交车不比城铁快。_____

3. 다음 한어병음을 간체자로 옮기세요.

① Shì a, míngtiān gèng rè._____

② Tā bǐ wǒ hái niánqīng._____

③ Wǒ bǐ nǐ zhòng bā jīn._____

---

1. ① bǐ ② gèng ③ hái ④ jīn ⑤ niánqīng ⑥ chéngtiě
2. ① 오늘은 어제보다 더 덥다. ② 그녀는 나보다 3cm 크다. ③ 버스는 도시철도보다 빠릅니까? ④ 버스는 도시철도보다 빠르지 않습니다.
3. ① 是啊，明天更热。 ② 她比我还年轻。 ③ 我比你重八斤。

비교문 2(她跟你一样漂亮)

'比 bǐ'를 쓰지 않고도 전치사 '跟 gēn', 동사 '有 yǒu, 像 xiàng', 부사 '更 gèng, 再 zài' 등을 사용하여 비교의 의미를 나타내는 비교문이 있다.

기본 표현

Tā gēn nǐ yíyàng piàoliang.
她跟你一样漂亮。 그녀는 당신만큼 예쁩니다.
타 껀 니 이양 퍄오량

Tā zhǎng de bù gēn wǒ yíyàng.
她长得不跟我一样。
타 장 더 뿌 껀 워 이양
그녀는 저처럼 생기지 않았습니다.

Tā yǒu nǐ gāo.
他有你高。 그는 당신만큼 키가 큽니다.
타 여우 니 까오

Tā yǒu nǐ zhème shuài ma?
他有你这么帅吗?
타 여우 니 저머 솨이 마
그는 당신만큼 이렇게 잘 생겼습니까?

Tā méiyǒu nǐ gāo.
他没有你高。 그는 당신만큼 키가 크지 않습니다.
타 메이여우 니 까오

Wǒ méiyǒu tā nàme shuài.
我没有他那么帅。
워 메이여우 타 나머 솨이
저는 그분만큼 그렇게 잘생기지 않았습니다.

2. '跟 gēn ······ 一样 yíyàng'을 사용한 비교문

'跟······一样'의 형태를 써서 'A는 B와 같다(마찬가지다)'라는 의미다.

(1) A + 跟 + B + 一样 + 결과(술어)

Tā gēn nǐ yíyàng piàoliang.
她跟你一样 漂亮。 그녀는 당신만큼 예쁘다.

(2) A + 不跟 + B + 一样 + 결과(술어)

　A + 跟 + B + 不一样 + 결과(술어)

Tā zhǎng de bù gēn wǒ yíyàng.
她 长 得不跟我 一样。 그녀는 나처럼 생기지 않았다.

Tā zhǎng de gēn wǒ bù yíyàng.
她 长 得 跟我不 一样。 그녀는 나처럼 생기지 않았다.

3. '有 yǒu'나 '没有 méiyǒu'를 사용한 비교문

'有'나 '没有'를 사용해서, 'A는 B만큼 ~하다(~하지 못하다)'의 의미를
나타낸다. 이때 '有'는 '도달하다'의 의미이다.

(1) A + 有 + B + (这么 zhème / 那么 nàme) + 결과(술어)

Tā yǒu nǐ gāo.
他有你高。 그는 너만큼 키가 크다.

Tā yǒu nǐ nàme shuài ma?
他有你那么 帅 吗? 그는 너만큼 그렇게 잘 생겼니?

*이때 '这么'나 '那么'는 성질이나 정도를 나타낸다.

(2) A + 没有 + B + (这么 zhème / 那么 nàme) + 결과(술어)

Tā méiyǒu nǐ gāo.
他没有你高。 그는 너만큼 키가 크지 않다.

새로 나온 단어

长 zhǎng　생기다　　　　没有 méiyǒu　~만 못하다

帅 shuài　잘생기다, 멋지다　　那么 nàme　그렇게

Wǒ méiyǒu tā nàme shuài.
我 没有他那么 帅 。 나는 그분만큼 그렇게 잘 생기지 않았다.

실전 회화

A
Tā yǒu nǐ nàme shuài ma?
他有你那么帅吗?
타 여우 니 나머 솨이 마
그는 너만큼 그렇게 잘생겼니?

B
Wǒ méiyǒu tā nàme shuài.
我没有他那么帅。
워 메이여우 타 나머 솨이
나는 그분만큼 그렇게 잘생기지 않았어.

A
Nǐ mèimei zhǎng de gēn nǐ yíyàng ma?
你妹妹长得跟你一样吗?
니 메이메이 장 더 껀 니 이양 마
네 여동생은 너처럼 생겼니?

B
Tā zhǎng de gēn wǒ bù yíyàng.
她长得跟我不一样。
타 장 더 껀 워 뿌 이양
그녀는 나처럼 생기지 않았어.

A
Nǐ xiàng tā yíyàng nǔlì ma?
你像她一样努力吗?
니 시앙 타 이양 누리 마
너는 그녀처럼 열심히 하니?

B
Wǒ bú xiàng tā nà yàng nǔlì.
我不像她那样努力。
워 뿌 시앙 타 나양 누리
나는 그녀처럼 그렇게 열심히 하지 않아.

4. '像 xiàng'을 사용한 비교문

'像 xiàng'을 사용해서, 'A는 마치 B와 같다'의 의미를 나타낸다.

(1) A + **像** + B + (**一样 / 这样 / 那样**) + 결과(술어)

Tā xiàng wǒ zhèyàng nǔlì.
他 像 我 这样 努力。 그는 나처럼 이렇게 열심히 한다.

(2) A + **不像** + B + (**一样 / 这样 / 那样**) + 결과(술어)

Wǒ dìdi búxiàng wǒ zhèyàng nǔlì.
我弟弟 不像 我 这样 努力。

내 남동생은 나처럼 이렇게 열심히 하지 않는다.

교체 연습

Wǒ méiyǒu tā nàme shuài.
我 没有 他 那么 帅。 나는 그분만큼 그렇게 잘생기지 않았어.

pàng
胖 나는 그분만큼 그렇게 뚱뚱하지 않아.

miáotiao
苗条 나는 그분만큼 그렇게 날씬하지 않아.

yǒuqián
有钱 나는 그분만큼 그렇게 부유하지 않아.

새로 나온 단어

妹妹 mèimei 여동생
像 xiàng 마치 ~와 같다
那样 nàyàng 그렇게, 저렇게
苗条 miáotiao 날씬하다

有钱 yǒuqián 부유하다, 돈이 많다

1. 다음 병음을 읽어보세요.

① Tā yǒu nǐ zhème shuài ma?

Wǒ méiyǒu tā nàme shuài.

② Nǐ mèimei zhǎng de gēn nǐ yíyàng ma?

Tā zhǎng de gēn wǒ bù yíyàng.

③ Nǐ xiàng tā yíyàng nǔlì ma?

Wǒ bú xiàng tā nàyàng nǔlì.

2. 다음 문장을 읽어보세요.

① 他有你这么帅吗?

我没有他那么帅。

② 你妹妹长得跟你一样吗?

她长得跟我不一样。

③ 你像她一样努力吗?

我不像她那样努力。

집학중국어 먹방쇼

吃货秀[chīhuòxiù 츠으후어시우]에서 吃货[chīhuò 츠으후어] '미식가'와 秀[xiù 시우] '쇼 show'가 합성된 신조어로 '먹방쇼'의 뜻이다.

饿了么[è le ma 어러마] 우리나라의 '배달의 민족'에 해당하는 중국의 음식배달 앱인데, 해석하면 '배 고파요?'^^

-美食店[měishídiàn 메이스띠엔] 맛집

1. 다음 간체자자의 발음을 써보세요.

① 一样 →   ② 长 →

③ 没有 →   ④ 帅 →

⑤ 妹妹 →   ⑥ 有钱 →

2. 다음 문장을 해석하세요.

① 他有你这么帅吗? _____

② 我没有他那么帅。 _____

③ 你妹妹长得跟你一样吗? _____

④ 她长得跟我不一样。 _____

3. 다음 한어병음을 간체자로 옮기세요.

① Tā yǒu nǐ gāo ma? _____

② Tā méiyǒu wǒ gāo. _____

③ Tā gēn nǐ yíyàng piàoliang. _____

---

1. ① yíyàng ② zhǎng ③ méiyǒu ④ shuài ⑤ mèimei ⑥ yǒuqián
2. ① 그는 너만큼 이렇게 잘생겼니? ② 나는 그분만큼 그렇게 잘생기지 않았어.
   ③ 네 여동생은 너처럼 생겼니? ④ 그녀는 나처럼 생기지 않았어.
3. ① 他有你高吗? ② 他没有我高。 ③ 她跟你一样漂亮。

강조문 1(我是昨天来的)

중국어에도 강조하는 방법이 다양하게 있다. 여기에서는 그 중 많이 쓰이는 강조 용법에 대해서 알아본다.

기본 표현

Nǐ shì nǎ yì nián dàxué bìyè de?
你是哪一年大学毕业的?
니 스 나 이 니엔 따쉬에 삐이에 더
당신은 몇 년도에 대학을 졸업했습니까?

Wǒ shì èr líng yī jiǔ nián dàxué bìyè de.
我是二零一九年大学毕业的。
워 스 얼 링 이 지우 니엔 따쉬에 삐이에 더
저는 2019년도에 대학을 졸업했습니다.

Nǐ shì shénme shíhou lái de?
你是什么时候来的? 당신은 언제 왔습니까?
니 스 션머 스허우 라이 더

Wǒ shì zuótiān lái de.
我是昨天来的。 저는 어제 왔습니다.
워 스 쭈어티엔 라이 더

Nǐ shì zuótiān lái de ma?
你是昨天来的吗? 당신은 어제 왔습니까?
니 스 쭈어티엔 라이 더 마

Wǒ bú shì zuótiān lái de shì qiántiān lái de.
我不是昨天来的, 是前天来的。
워 뿌 스 쭈어티엔 라이 더, 스 쭈어티엔 라이 더
저는 어제 온 것이 아니라, 그저께 왔습니다.

1. '是 shì……的 de'를 사용한 강조문

'是……的' 구문은 이미 발생한 동작의 시간·장소·방법 등을 강조하는 데에 쓰인다. '是'는 강조되는 말 바로 앞에 쓰거나 생략할 수 있으며, '的'는 일반적으로 문장 끝에 쓴다.

Nǐ (shì) nǎ yì nián dàxué bìyè de?
你(是)**哪一年大学毕业**的？
당신은 몇 년도에 대학을 졸업했습니까?

Wǒ (shì) èr líng yī jiǔ nián dàxué bìyè de.
我(是)**二零一九年大学毕业**的。
저는 2019년도에 대학을 졸업했습니다.

Nǐ (shì) shénme shíhou lái de?
你(是)**什么 时候来**的？ 당신은 언제 왔습니까?

Wǒ (shì) zuótiān ái de.
我(是)**昨天来**的。 저는 어제 왔습니다.

Nǐ (shì) zuótiān ái de ma?
你(是)**昨天来**的**吗？** 당신은 어제 왔습니까?

Wǒ bú shì zuótiān ái de (shì) qiántiān lái de.
我不是 昨天来的，(是)**前天 来**的。
저는 어제 온 것이 아니라, 그저께 왔습니다.

* '是……的' 강조문의 부정형은 '不是……的'이고, 이때 '不是'의 '是'는 생략할 수 없다.

새로 나온 단어

哪 nǎ 어느, 어떤
大学 dàxué 대학교
毕业 bìyè (졸업)하다
的 de '是'와 호응, 사람·시간 등을 강조함

零 líng 0, 영
时候 shíhou 때, 시간
前天 qiántiān 그저께

A Nǐ shì shénme shíhou lái de?
你是什么时候来的? 너 언제 왔니?
니 스 션머 스허우 라이 더

B Wǒ shì zuótiān lái de.
我是昨天来的。 난 어제 왔어.
워 스 쭈어티엔 라이 더

A Tā shì shéi?
他是谁? 그는 누구니?
타 스 쉐이

B Tā jiù shì wǒ dìdi.
他就是我弟弟。 그가 바로 내 남동생이야.
타 지우 스 워 띠디

A Míngtiān de huìyì wǒ bù cānjiā, nǐ cānjiā ma?
明天的会议我不参加,你参加吗?
밍티엔 더 훼이이 워 뿌 찬지아, 니 찬지아 마
내일 회의에 나는 참석하지 않을 건데, 너는 참석할 거니?

B Wǒ jiù bù cānjiā!
我就不参加! 나야말로 참석하지 않겠어!
워 지우 뿌 찬지아

새로 나온 단어

就 jiù 굳건한 의지를 강조함   参加 cānjiā 참가하다, 참석하다
会议 huìyì 회의

2. '就 jiù'를 사용한 강조문

부사 '就'는 주어 뒤, 술어 앞에 위치하여 강조문을 만들며, 이 때 '就'를
강하게 발음한다.

Wǒ jiù bù cānjiā!
我就不参加! 나야말로 참가하지 않겠어!

Tā jiù bù lái.
他就不来。 그는 틀림없이 오지 않아.

Tā jiù shì wǒ dìdi.
他就是我弟弟。 그가 바로 내 남동생이야.

교체 연습

Tā jiù shì wǒ | dìdi.
他 就 是 我 | 弟弟 。 걔가 바로 내 **남동생**이야.

érzi
儿子 걔가 바로 내 **아들**이야.

yéye
爷爷 그분이 바로 내 **할아버지**야.

jiùjiu
舅舅 그분이 바로 내 **외삼촌**이야.

새로 나온 단어

爷爷 **yéye** 할아버지 　　　　　　舅舅 **jiùjiu** 외삼촌

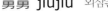

1. 다음 병음을 읽어보세요.

① Nǐ shì shénme shíhou lái de?

　 Wǒ shì zuótiān lái de.

② Tā shì shéi?

　 Tā jiù shì wǒ dìdi.

③ Míngtiān de huìyì wǒ bù cānjiā, nǐ cānjiā ma?

　 Wǒ jiù bù cānjiā!

2. 다음 문장을 읽어보세요.

① 你是什么时候来的?　　　② 他是谁?

　 我是昨天来的。　　　　　　他就是我弟弟。

③ 明天的会议我不参加, 你参加吗?

　 我就不参加!

 대학 순위

排行榜[páihángbǎng 파이항빵]은 '순위'의 뜻으로, **大学排行榜**[dàxué páihángbǎng 따쉬에 파이항빵]은 '대학 순위'이다

세계 50대 대학 순위에 아시아에서는 칭화대학, 동경대학, 쿄토대학, 홍콩대학, 베이징대학이 포함되어 있다.

－本科生[běnkēshēng 뻔커성] 학부생

－研究生[yánjiūshēng 옌지우성] 대학원생

1. 다음 간체자자의 발음을 써보세요.

① 哪 →　　　　　　　② 零 →

③ 毕业 →　　　　　　④ 前天 →

⑤ 大学 →　　　　　　⑥ 就 →

2. 다음 문장을 해석하세요.

① 你是什么时候来的?　_____

② 我是昨天来的。　_____

③ 我二零一九年大学毕业的。　_____

④ 我不是昨天来的，前天来的。　_____

3. 다음 한어병음을 간체자로 옮기세요.

① Tā jiù shì wǒ dìdi.　_____

② Wǒ jiù bù cānjiā!　_____

③ Tā shì shéi?　_____

---

1. ① nǎ　② líng　③ bìyè　④ qiántiān　⑤ dàxué　⑥ jiù
2. ① 너 언제 왔니?　② 나는 어제 왔어.　③ 나는 2019년도에 대학을 졸업했다.
　④ 나는 어제 온 것이 아니라, 그저께 왔다.
3. ① 他就是我弟弟。② 我就不参加!　③ 他是谁?

강조문 2 (那还用说?)

강조 용법에는 강조의 부사를 사용하는 방법 외에도 반어법이나 이중부정 등을
사용하기도 한다.

기본 표현

Wǒ shēntǐ kě hǎo le.
我身体可好了。 제 건강은 아주 좋습니다.
워 선티 커 하오 러

Zhème zhòngyào de shì, nǐ kě bié wàng le.
这么重要的事, 你可别忘了。
저머 중야오 더 스, 니 커 삐에 왕 러
이렇게 중요한 일은 절대로 잊지 마세요.

Zhège wèntí kě bù jiǎndān.
这个问题可不简单。
저거 원티 커 뿌 지엔딴
이 문제는 결코 간단하지 않아.

Nà bú shì tài wēixiǎn le ma?
那不是太危险了吗?
나 뿌 스 타이 웨이시엔 러 마
그것은 너무 위험한 것 아니니?

Nǐ nándào néng chī de liǎo ma?
你难道能吃得了吗? 너 설마 먹을 수 있겠니?
니 난따오 넝 츠으 더 랴오 마

Nà hái yòng shuō?
那还用说? 그거 말할 필요 있니?
나 하이 용 수어

3. '可'를 사용한 비교문

부사 '可'는 어기를 강조하거나 정도가 높음을 강조한다. 주어 뒤에만 올 수 있으며, 이때는 '可'를 강하게 발음한다.

Wǒ shēntǐ kě hǎo le.
我身体可好了。 제 건강은 아주 좋습니다.

Zhème zhòngyào de shì, nǐ kě bié wàng le.
这么 重要 的事, 你可别 忘 了。
이렇게 중요한 일은 절대로 잊지 마세요.

Zhège wèntí kě bù jiǎndān.
这个问题可不 简单 。 이 문제는 결코 간단하지 않아.

4. '반어문'을 사용한 비교문

부정의 형태로 강하게 긍정을 하거나, 긍정의 형태로 강하게 부정한다.

Nà bú shì tài wēixiǎn le ma?
那不是太危险 了吗? 그것은 너무 위험한 것 아니니?

Nǐ nándào néng chī de liǎo ma?
你难道 能 吃得了 吗? 너 설마 먹을 수 있겠니?

Nà hái yòng shuō?
那还 用说 ? 그거 말할 필요 있니?

새로 나온 단어

可 kě 아주, 꽤(강조를 나타냄)
重要 zhòngyào 중요하다
别 bié ~하지 마라
忘 wàng 잊다
问题 wèntí 문제

简单 jiǎndān 간단하다
危险 wēixiǎn 위험하다
难道 nándào 설마 ~하겠는가?
用 yòng (~하는 것이) 필요하다

A
Nǐ nándào néng chī de liǎo ma?
你难道能吃得了吗?
니 난따오 넝 츠으 더 랴오 마 너 설마 먹을 수 있겠니?

B
Nà hái yòng huō?
那还用说? 그거 말할 필요 있니?
나 하이 용 수어

A
Wǒmen gōngsī bù néng méiyǒu nǐ.
我们公司不能没有你。
워먼 꽁쓰 뿌 넝 메이여우 니
우리 회사는 당신이 없으면 안 돼.

B
Guòjiǎng, guòjiǎng.
过奖, 过奖。 그건 과찬이야.
꾸어지앙, 꾸어지앙

A
Nǐ gǎnmào le, fēi chīyào bùkě.
你感冒了, 非吃药不可。
니 깐마오 러, 페이 츠으야오 뿌커
너 감기에 걸렸구나, 약을 먹지 않으면 안 돼.

B
Méishì, xiànzài hǎo duō le.
没事, 现在好多了。
메이스, 시엔짜이 하오 뚜어 러
괜찮아, 지금 꽤 좋아졌어.

새로 나온 단어

过奖 guòjiǎng 과찬입니다
感冒 gǎnmào 감기
非 fēi ~하지 않으면
吃药 chīyào 약을 먹다

不可 bùkě 안 된다
没事 méishì 괜찮다, 상관없다
好 hǎo 꽤, 아주

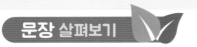
5. '이중부정'을 사용한 강조문

부정을 이중으로 하여 강한 긍정을 나타낸다.

Bù néng bù gōngzuò.
不 能 不 工作。 일을 하지 않을 수 없다.

Wǒmen gōngsī bùnéng méiyǒu nǐ.
我们 公司 不能 没有 你。 우리 회사는 당신이 없으면 안 된다.

Wǒ fēi qù Zhōngguó bù kě.
我 非 去 中国 不可。 나는 중국에 가지 않으면 안 된다.

Nǐ nándào néng chī de liǎo ma?
你 难道 能 吃得 了 吗？ 너 설마 먹을 수 있겠니?

교체 연습

Nà bú shì tài | wēixiǎn | le ma?
那 不是 太 危险 **了 吗？** 그건 너무 위험한 것 아니니?

kěxī
可惜 그건 너무 아까운 것 아니니?

nánkàn
难看 그건 너무 보기 싫은 것 아니니?

tòngkǔ
痛苦 그건 너무 고통스러운 것 아니니?

새로 나온 단어

可惜 kěxī 애석하다, 아쉽다 **痛苦 tòngkǔ** 고통(스럽다)

难看 nánkàn 보기 싫다, 흉하다

1. 다음 병음을 읽어보세요.

① Nǐ nándào néng chī de liǎo ma?

Nà hái yòng shuō?

② Wǒmen gōngsī bù néng méiyǒu nǐ.

Guòjiǎng, guòjiǎng.

③ Nǐ gǎnmào le, fēi chīyào bùkě.

Méishì, xiànzài hǎo duō le.

2. 다음 문장을 읽어보세요.

① 你难道能吃得了吗?

那还用说?

② 我们公司不能没有你。

过奖, 过奖。

③ 你感冒了, 非吃药不可。

没事, 现在好多了。

잡학 중국어 **장가계 지명의 유래**

张家界[Zhāngjiājiè 장자제]란 장 씨 성을 가진 토족들이 모여 사는 곳이라 해서 붙여진 이름이다. 한고조 유방(劉邦)의 공신이었던 장량(張良)이 토사구팽 당할 처지에 놓이자 이곳으로 도피하여, 원주민 토족을 교화하며 살았는데, 그 고마움에 토족들이 장 씨로 성을 바꾸어 장 씨 일족을 이루게 되었다고 한다.

1. 다음 간체자자의 발음을 써보세요.

① 可 →   ② 别 →

③ 问题 →   ④ 难道 →

⑤ 非 →   ⑥ 感冒 →

2. 다음 문장을 해석하세요.

① 你难道能吃得了吗? _____

② 那还用说? _____

③ 我们公司不能没有你。 _____

④ 你感冒了，非吃药不可。 _____

3. 다음 한어병음을 간체자로 옮기세요.

① Méishì, xiànzài hǎo duō le. _____

② Wǒ shēntǐ kě hǎo le. _____

③ Zhège wèntí kě bù jiǎndān. _____

---

1. ① kě ② bié ③ wèntí ④ nándào ⑤ fēi ⑥ gǎnmào
2. ① 너 설마 먹을 수 있겠니? ② 그거 말할 필요 있니? ③ 우리 회사는 당신이 없으
   면 안 돼. ④ 너 감기에 걸렸구나, 약을 먹지 않으면 안 돼.
3. ① 没事，现在好多了。 ② 我身体可好了。 ③ 这个问题可不简单。

단어 색인

Hànyǔ	汉语 중국어	23
Hànzì	汉字 한자	7
hào	号 일(日)	4
hǎo	好 좋다	12
hǎo	好 꽤, 아주	30
hǎochī	好吃 맛있다	2
hǎode	好的 좋아, 좋다	1
hé	和 ~와(과)	20
hē	喝 마시다	9
hěn	很 매우, 아주	2
hóng	红 빨갛다, 붉다	12
huán	还 돌려주다	20
huì	会 ~할 수 있다, ~할 줄 알다	11
huìyì	会议 회의	29
huǒguō	火锅 샤부샤부	11
jǐ	几 몇	4
jí	极 아주, 몹시	14
jiā	家 집	19
jiāli	家里 집(안), 가정	5
jiàn	件 건[일이나 사건을 세는 양사]	17
jiàn	见 만나다, 보다	18
jiǎnchá	检查 검사하다	18
jiǎndān	简单 간단하다	30
jiànkāng	健康 건강(하다)	21
jiànshēnfáng	健身房 헬스클럽	19
jiǎozi	饺子 교자, 만두	25
jiějie	姐姐 언니, 누나	7
jiěmèi	姐妹 자매	21
jièzhi	戒指 반지	24
jièzǒu	借走 빌려 가다	20
jìn	近 가깝다	19

suǒyǐ	所以 그래서	21
tā	他 그(남자)	1
tā	她 그녀	4
tái	台 대 [기계나 차량을 세는 양사]	16
tài	太 별로, 그다지; 너무, 아주	2, 26
tàng	趟 번, 차례	18
tèbié	特别 유달리, 특히	12
tiān	天 하루, 날	19
tiānqì	天气 날씨	12
tīng	听 듣다	9
tòngkǔ	痛苦 고통(스럽다)	30
tóngshì	同事 동료	21
tóngwū	同屋 룸메이트	21
wán	完 다하다, 끝나다	23
wǎng	往 ~쪽으로, ~을 향해	19
wàng	忘 잊다	30
wèilái	未来 미래	22
wèishénme	为什么 왜, 어째서	25
wēixiǎn	危险 위험하다	30
wéixiū	维修 수리하다	18
wèntí	问题 문제	30
wénxué	文学 문학	8
wǒ	我 나, 저	1
wǒguó	我国 우리나라	22
wǒmen	我们 우리	1
wòshì	卧室 침실	23
wǔ	五 5, 다섯	4
wúrénjī	无人机 드론	22
xià	下 내리다; 아래로 움직임	23, 26
xiàbān	下班 퇴근하다	23
xiān	先 먼저, 우선	21

중국 여행에 꼭 필요한
여행 회화

해마다 늘어나는 해외여행자 수. 2018년 기준으로 보면 해외로 출국하는 여행자의 목적지는 1위 일본(753만 명) 다음으로 중국 476만 명이었습니다. 정치적으로 양국 관계가 다소 불편하지만 중국 대륙 여행은 상당한 매력이 있다고 결론지을 수 있습니다. 일단 중국은 가장 가까운 나라이고 국가간 서로 합의가 되어 있기 때문에 전철이나 버스, 호텔, 화장실 등 주요 시설에 한국어가 표기되어 있어서 중국어를 몰라도 큰 불편 없이 돌아다닐 수 있습니다. 그래서 중국에 단체 여행은 물론이고 개인적으로 놀러 가는 우리 여행객들도 적지 않습니다. 그래도 돌아다니다 보면 현지인에게 길을 물어야 하는 경우가 생깁니다. 필자가 드리고 싶은 말씀은 모르는 이에게 말을 걸 때 단 한마디 **请问**(칭원/좀 여쭙겠습니다) 이라고 말을 걸라는 것입니다. 다짜고자 용건부터 말하는 것은 그 자체로 실례이고 느닷없이 서툰 중국어로 말하면 알아듣기도 어렵습니다. 이것은 중국뿐 아니라 어느 나라에 가더라도 마찬가지입니다. 이쪽이 아쉬워서 물어보는 것이니까 최소한의 예의는 차려야 합니다. 독자 여러분! 부디 즐거운 중국 여행을 하시길 바랍니다.

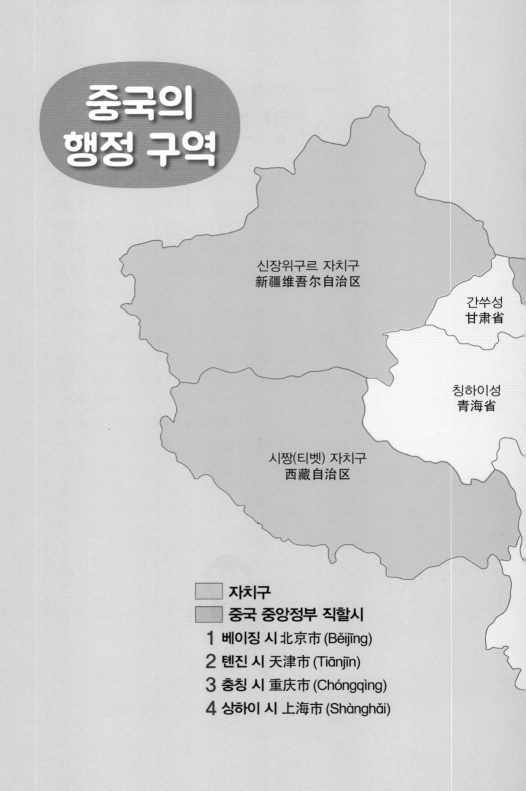

중국의
행정 구역

신장위구르 자치구
新疆维吾尔自治区

간쑤성
甘肃省

칭하이성
青海省

시짱(티벳) 자치구
西藏自治区

▨ 자치구
▨ 중국 중앙정부 직할시
1 베이징 시 北京市 (Běijīng)
2 텐진 시 天津市 (Tiānjīn)
3 충칭 시 重庆市 (Chóngqìng)
4 상하이 시 上海市 (Shànghǎi)

헤이롱장성
黑龙江省

내몽고 자치구
内蒙古自治区

지린성
吉林省

라오닝성
辽宁省

닝샤회족 자치구
宁夏回族自治区

1

2

허뻬이성
河北省

산시성
山西省

산뚱성
山东省

산시성
陕西省

허난성
河南省

장쑤성
江苏省

쓰촨성
四川省

후뻬이성
湖北省

안훼이성
安徽省

4

저장성
浙江省

3

후난성
湖南省

장시성
江西省

꿰이저우성
贵州省

푸젠성
福建省

원난성
云南省

꽝시장족 자치구
广西壮族自治区

꽝뚱성
广东省

타이완
台湾

하이난성
海南省

통화

화폐 단위는 위안(元)이며 대체로 한국 돈보다 170배의 가치라고 생각하면 된다.
1위안=170원

신용카드

우리나라에선 소비 진작을 위해 신용카드 받는 것이 의무화되었지만, 중국에선 신용카드가 보편화되어 있지 않아서 꼭 현금을 휴대해야 한다. VISA나 MASTER 카드는 중국에서도 사용 가능하지만, 카드 취급하지 않은 곳이 많다.

전압/와이파이

전압이 예전과 달리 요즘은 한국과 거의 같아서 불량품 아니라면 거의 호환이 된다.
중국은 아직 와이파이 존이 많지 않으므로 여행 시 한국에서 미리 포켓 와이파이를 구입해가면 좋다.

공항 도착

항공편 출발보다 2시간 전에는 도착해야 한다. 인천공항 터미널의 경우 좌우로 1km나 되므로 타야 할 항공사 카운터(A~N)를 스마트폰으로 미리 검색해 두면 허둥대며 헤매지 않을 것이다. 특히 제2터미널이 생겼기 때문에 집에서 출발하기 전 꼭 확인해 두어야 한다. 카운터의 배치는 때때로 변동이 생기기도 한다.

인천공항 터미널별 항공사 카운터
- 제1터미널: 아시아나항공, 일본항공, 제주항공, 티웨이항공, 중국남방항공, 중국동방항공, 중국국제항공 등
- 제2터미널: 대한항공, 델타항공, 중화항공, 샤먼항공, 에어프랑스 등

출국 수속

카운터에서 체크인을 할 때 항공사 직원은 탑승 게이트에 도착할 시간을 알려준다.
인천의 경우 출국 게이트가 4군데 정도 있는데 네이버 검색창에 '인천공항 출국 장'이라고 치면 출국장별 대기인원수가 보인다. 현재 위치를 확인하여 덜 붐비는 가까운 곳으로 들어가자. 출국장에 들어갈 때는 탑승권(登机牌)과 여권(护照)을 들고 있어야 한다. 그리고 보안검사를 받는다. 바구니 두 개에 외투와 가방을 따로 넣고 금속탐지기를 통과한다.
다음은 출국심사를 받는데 만 19세 이상이면 자동출입국 서비스(여권 인식, 지문 인

식, 얼굴 인식)를 받으면 시간을 절약할 수 있다. 그러면 이제 탑승구로 가면 된다. 도중에 면세점이 있으니 시간이 나면 쇼핑을 할 수도 있다.

탑승 게이트까지

대형항공사는 탑승 게이트까지 가깝지만 저가항공사(LCC)의 경우는 탑승 게이트까지 셔틀열차 또는 버스로 이동해야 한다. 출발하기 30분 전에 탑승이 시작된다. 승무원에게 다시 여권과 탑승권을 보여야 한다.

스마트폰의 인천공항 출국장 상황

중국 입국

미리 기내에서 나누어주는 외국인 입국카드(外国人入境卡)를 작성해야 한다. 카드엔 영어와 중국어로 적혀 있는데(예: 出生日期 Date of birth 생년월일) 영어로 작성해야 한다. 혼자서 작성하기 어렵다면 승무원에게 도움을 받도록 한다. 비행기가 멈추고, 내려도 된다는 기내방송이 나오면 내려서 입국심사대로 가게 되는데 중국여권 소지자와 외국여권 소지자는 심사대가 별도로 있다. 양쪽 집게손가락과 얼굴 인식을 받고 입국 목적 질문을 받을 수도 있다.

다음은 수하물 찾는 곳(行李提取)으로 가서 여행가방을 찾는다. 마지막으로 세관을 통과하면 입국수속은 끝난다. 세관에서는 세관신고서를 제출하는데, 5,000달러 이상의 현금이나 면세 범위 초과 물품을 소지하고 있으면 신고가 필요하다.

전철 이용하기

1) 이용할 노선을 누른다. 2) 판매기에서 목적지를 누른다. 3) 몇 장의 표를 구매할지 선택한다. 4) 동전 넣는 곳이 없으므로 지폐 5위안~100위안을 투입한다. 5) 확인(确认) 버튼을 누른다. 6) 잔돈과 승차권을 뽑는다.

1. 공항 机场 [jīchǎng 지츠앙]

입국 수속은 기내에서 받은 입국 카드에 영어로 기재하며, 입국 심사는 외국인과 내국인으로 나눠서 하고 있으니 확인하고 외국인 줄에 서도록 합니다. 입국 심사가 끝나면 수하물 찾는 곳(行李提取)에서 짐을 찾습니다.

□ 어디에서 탑승합니까?

在哪儿登机? 짜이 날 / 떵지?

Zài nǎr dēngjī?

□ 어디에서 수속을 합니까?

在哪儿办手续? 짜이 날 / 빤 서우쉬?

Zài nǎr bàn shǒuxù?

□ 제 짐이 없어졌어요.

我的行李不见了。 워 더 싱리 / 뿌지엔 러.

Wǒ de xíngli bújiàn le.

□ 중국에 출장 왔습니다.

我来中国出差。 워 라이 종꿔 / 츠우차이.

Wǒ lái Zhōngguó chūchāi.

□ 중국에 여행 왔습니다.

我来中国旅游。 워 / 라이 종꿔 / 뤼여우.

Wǒ lái Zhōngguó lǚyóu.

2. 호텔 饭店 [fàndiàn 판띠엔]

호텔은 한국에서 미리 온라인으로 예약해 두는 것이 더 저렴하고 편리합니다. 중국에서
빈관(宾馆)과 대주점(大酒店)은 호텔을 뜻하며, 대반점(大饭店)이라고 부르기도 합니다.
호텔의 등급은 별(★)로 표시하며, 외국인은 주로 3∼5성급 호텔을 이용합니다.

□1인용 방 하나 주세요.

我要一个单人间。 워 야오 / 이 거 / 딴르언지엔.

Wǒ yào yí ge dānrénjiān.

□2인용 방 하나 주세요.

我要一个双人间。 워 야오 / 이 거 / 쑤앙르언지엔.

Wǒ yào yí ge shuāngrénjiān.

□1박에 얼마입니까?

住一天多少钱? 주 이 티엔 / 뚜어사오 치엔?

Zhù yì tiān duōshao qián?

□며칠 묵습니까?

住几天? 주 / 지 티엔?

Zhù jǐ tiān?

□식당은 몇 시에 문을 엽니까?

餐厅几点开门? 찬팅 / 지 띠엔 / 카이먼?

Cāntīng jǐ diǎn kāimén?

□ 세탁 서비스를 제공합니까?

提供洗衣服务吗? 티꽁 / 시이 푸우 마?

Tígōng xǐyī fúwù ma?

□ 제 방의 에어컨이 고장 났습니다.

我房间的空调坏了。 워 / 팡지엔 더 콩탸오 / 화이 러.

Wǒ fángjiān de kōngtiáo huài le.

□ 제 방의 변기가 고장 났습니다.

我房间的马桶坏了。 워 / 팡지엔 더 마퉁 / 화이 러.

Wǒ fángjiān de mǎtǒng huài le.

3. 교통 交通 [jiāotōng 쟈오퉁]

중국 여행 시는 주로 열차나 택시를 많이 이용하게 됩니다. 열차나 지하철(地铁) 이용 시에는 반드시 짐 검사를 거쳐야 하는 번거로움을 감수해야 합니다. 특히 화기 소지가 금지되어 있습니다. 택시 이용 시에는 꼭 영수증(发票)을 끊어두는 게 물건 분실 시 도움이 됩니다.

□ 실례지만, 지하철역은 어떻게 갑니까?

请问, 地铁站怎么走? 칭원, 띠티에잔 / 전머 쩌우?

Qǐngwèn, dìtiězhàn zěnme zǒu?

□ 여기서 멉니까?

离这儿远吗? 리 저얼 / 위앤 마?

Lí zhèr yuǎn ma?

□ 택시 한 대 불러주세요.

请叫一辆出租汽车。 칭 쟈오 이 리앙 / 츠우쭈 치츠어.

Qǐng jiào yí liàng chūzū qìchē.

□ 저를 북경호텔로 데려다 주세요.

请送我去北京大饭店。 칭 송 워 취 / 베이징 따판띠엔.

Qǐng sòng wǒ qù Běijīng dàfàndiàn.

□ 기사님 미터기 꺾어요.

师傅, 打表吧。 스푸, 따뱌오 바.

Shīfu, dǎbiǎo ba.

□ 영수증 끊어 주세요.

开发票吧。 카이 파퍄오 바.

Kāi fāpiào ba.

□ 여기서 세워주세요.

请在这儿停 一下。 칭 짜이 저얼 / 팅 이샤.

Qǐng zài zhèr tíng yíxià.

□표 두 장 주세요.

给我两张票。 께이 워 / 량 장 퍄오.

Gěi wǒ liǎng zhāng piào.

✚ 길을 물을 때

지하철역 은 어디에 있습니까?

请问, 地铁站 在 哪儿?

Qǐngwèn dìtiězhàn zài nǎr?

칭원 띠티에잔 짜이 나알?

- 정류장 **车站** chēzhàn 츠어잔
- 기차역 **火车站** huǒchēzhàn 훠어츠어잔
- 천안문 **天安门** Tiān'ānmén 티엔안먼
- 왕푸징 **王府井** Wángfǔjǐng 왕푸징 (베이징 번화가)
- 박물관 **博物馆** bówùguǎn 뿨우꾸안
- 영화관 **电影院** diànyǐngyuàn 띠엔잉위앤
- 동물원 **动物园** dòngwùyuán 똥우위앤
- 서점 **书店** shūdiàn 수띠엔
- 백화점 **百货商店** bǎihuò shāngdiàn 빠이훠 상띠엔

■ 교통 관련 단어
- 신호등 **红绿灯** hónglǜdēng 홍뤼떵
- 교차로 **十字路口** shízì lùkǒu 스쯔 루커우
- 부근 **附近** fùjìn 푸진
- 걷다 **走路** zǒulù 쩌우루
- 길을 잃다 **迷路** mílù 미루

- 버스 公共汽车 gōnggòng qìchē 꽁꽁 치츠어
- 택시 出租汽车 chūzū qìchē 츠우쭈 치츠어
- 기차 火车 huǒchē 후어츠어
- 지하철 地铁 dìtiě 띠티에
- 도시철도 城铁 chéngtiě 츠엉티에
- 직행 直快 zhíkuài 즈콰이
- 특급 特快 tèkuài 터콰이
- 고속철도 高铁 gāotiě 까오티에
- 침대차 卧铺车 wòpùchē 워푸츠어

- 승객 乘客 chéngkè 츠엉커
- 좌석 座位 zuòwèi 쭈어웨이
- 매표소 售票处 shòupiàochù 서우퍄오츠우

- (차를) 갈아타다 换车 huànchē 환츠어
- 택시를 타다 打的 dǎdī 따띠
- 똑바로 가다 一直走 yìzhí zǒu 이즈 쩌우
- 우회전하다 右拐 yòuguǎi 여우꽈이
- 좌회전하다 左拐 zuǒguǎi 쭈어꽈이
- 유턴하다 掉头 diàotóu 땨오터우
- 차가 막히다 堵车 dǔchē 뚜츠어
- 정차하다 停车 tíngchē 팅츠어

4. 식당 餐厅 [cāntīng 찬팅]

중국에 주만차반(酒满茶半)이라는 말이 있다. 즉, '술은 잔에 가득 차게 물은 컵에 반만 따른다'. 중국인과의 식사 자리에서는 점심이나 저녁에 상관없이 자연스럽게 술이 나오게 마련이다. 이때 술은 잔에 가득차게 따라주는데 이것은 상대방에 대한 존경을 표시하는 방법이며, 우리가 꺼리는 첨잔도 한다. 로마에 가면 로마의 법을 따를 것.

➕ 식당에서 1

□ 몇 분이세요?

你们几位? 니먼 / 지 웨이?

Nǐmen jǐ wèi?

□ 이쪽으로 앉으세요.

请这边坐。 칭 / 저삐엔 쭈어.

Qǐng zhèbian zuò.

□ 여기요, 주문할게요.

服务员，我们要点菜。 푸우위앤, 워먼 야오 디엔챠이.

Fúwùyuán, wǒmen yào diǎncài.

□ 여기요, 메뉴판 좀 주세요.

服务员，来个菜单。 푸우위앤, 라이 거 / 챠이딴.

Fúwùyuán, lái ge càidān.

□ 이 집에서 잘나가는 메뉴가 뭐예요?
你们有什么拿手菜? 니먼 / 여우 선머 / 나서우 챠이?
Nǐmen yǒu shénme náshǒu cài?

□ 이따가 주문할게요.
一会儿点菜。 이헐 띠엔챠이.
Yíhuìr diǎncài.

□ 잠시만요.
稍等。 사오 떵.
Shāo děng.

□ 고수는 넣지 마세요.
不要放香菜。 뿌야오 팡 / 샹챠이.
Búyào fàng xiāngcài.

□ 냅킨 주세요.
请给我餐巾纸。 칭 께이 워 / 찬진즈.
Qǐng gěi wǒ cānjīnzhǐ.

□ 한 병 더 주세요.
再来一瓶。 짜이 라이 / 이 핑.
Zài lái yì píng.

□밥 한 그릇 더 주세요.

再来一碗米饭。 짜이 라이 / 이 완 / 미판.

Zài lái yì wǎn mǐfàn.

□여기요, 이 요리 하나 더 주세요.

服务员，这道菜再来一份。

Fúwùyuán, zhè dào cài zài lái yí fèn.

푸우위앤, 저 따오 챠이 / 짜이 라이 / 이 펀.

□얼마나 더 기다려야 되나요?

还要等多久? 하이 야오 / 덩 뚜어지우?

Hái yào děng duōjiǔ?

□마파두부는 진짜 밥도둑이야.

麻婆豆腐真是下饭菜。 마퍼 떠우푸 / 전 스 / 샤판 챠이.

Mápó dòufu zhēn shì xiàfàn cài.

□차가운 맥주 두 병 먼저 주세요.

先上两瓶冰的啤酒。 시엔 상 / 리앙 핑 / 삥 더 피지우.

Xiān shàng liǎng píng bīng de píjiǔ.

□이것 좀 데워주세요.

把这个热一下。 빠 저거 / 르어 이샤.

Bǎ zhège rè yíxià.

□음료 필요하세요?

需要饮料吗? 쉬야오 / 인랴오 마?

Xūyào yǐnliào ma?

□콜라 한 잔과 스프라이트 두 잔 주세요.

来一杯可乐和两杯雪碧。

Lái yì bēi kělè hé liǎng bēi xuěbì.

라이 이 뻬이 커러 / 허 / 리앙 뻬이 쉬에삐.

□맛이 정말 좋습니다.

味道真不错。 웨이따오 / 전 뿌추어.

Wèidao zhēn búcuò.

□더 이상 먹을 수가 없습니다.

我不能再吃了。 워 뿌 넝 / 짜이 츠으 러.

Wǒ bù néng zài chī le.

□자! 건배합시다!

来! 干杯! 라이! 깐뻬이!

Lái! Gānbēi!

□제가 한잔 따르겠습니다.

我敬你一杯。 워 징 니 / 이 뻬이.

Wǒ jìng nǐ yì bēi.

□담배를 피워도 됩니까?

可以抽烟吗? 커이 츠오우옌 마?

Kěyǐ chōuyān ma?

□식당은 몇 시에 여나요?

餐厅几点开? 찬팅 / 지 띠엔 카이?

Cāntīng jǐ diǎn kāi?

□몇 시에 문 닫아요?

几点打烊? 지 띠엔 / 따양?

Jǐ diǎn dǎyàng?

□이것 좀 포장해 주세요.

把这个打包一下。 빠 저거 / 따빠오 이샤.

Bǎ zhège dǎbāo yíxià.

□여기요, 계산할게요.

服务员，买单(结帐)。 푸우위앤, 마이딴(지에장).

Fúwùyuán, mǎidān(jiézhàng).

✚ 식당에서 2

너무 맵 게 하지 마세요.
不要 太 辣。
Búyào tài là.
뿌야오 타이 라.

- 짜다 **咸** xián 시엔
- 싱겁다 **淡** dàn 딴
- 달다 **甜** tián 티앤
- 시다 **酸** suān 쑤안
- 쓰다 **苦** kǔ 쿠
- 느끼하다 **油腻** yóunì 여우니

✚ 커피숍 / 찻집

커피 두 잔 주세요.
来两杯 咖啡。
Lái liǎng bēi kāfēi.
라이 / 리앙 뻬이 카페이.

- 음료수 **饮料** yǐnliào 인랴오
- 라테 **拿铁** nátiě 나티에
- 우유 **牛奶** niúnǎi 니우나이
- 콜라 **可乐** kělè 커러
- 스프라이트 **雪碧** xuěbì 쉬에삐
- 오렌지주스 **橙汁** chéngzhī 츠엉즈
- 녹차 **绿茶** lǜchá 뤼츠아
- 보이차 **普洱茶** pǔ'ěrchá 푸얼츠아

■ 식당 관련 단어

- 냅킨　餐巾纸 cānjīnzhǐ 찬진즈
- 물수건　湿毛巾 shīmáojīn 스마오진
- 서비스　服务 fúwù 푸우
- 종업원　服务员 fúwùyuán 푸우위앤
- 봉사료　服务费 fúwùfèi 푸우페이
- 요리사　厨师 chúshī 츠우스

- 더치페이　AA制 AA zhì AA즈
- 영수증　发票 fāpiào 파퍄오
- 간이 영수증　收据 shōujù 셔우쥐
- 서명하다　签字 qiānzì 치엔쯔
- 카드를 긁다　刷卡 shuākǎ 수아카
- 위챗 페이(Wechat pay)　微信支付 wēixìn zhīfù 웨이신 즈푸
- 잔돈　零钱 língqián 링치엔

- 메뉴판　菜单 càidān 챠이딴
- 포장하다　打包 dǎbāo 따빠오
- 건배하다　干杯 gānbēi 깐뻬이
- 맛　味道 wèidao 웨이따오
- 중국 요리　中国菜 Zhōngguócài 종꿔챠이
- 한국 요리　韩国菜 Hánguócài 한꿔챠이
- 일본 요리　日本菜 Rìběncài 르으뻔챠이
- 서양 요리　西餐 xīcān 시찬
- 맥주　啤酒 píjiǔ 피지우
- 생맥주　扎啤 zhápí 자피

- 와인 **葡萄酒** pútaojiǔ 푸타오지우
- 위스키 **威士忌** wēishìjì 웨이스지
- 배갈, 백주 **白酒** báijiǔ 빠이지우

- 주재료 **主料** zhǔliào 주랴오
- 보조재료 **辅料** fǔliào 푸랴오
- 그램(g) **克** kè 커
- 근(500g) **斤** jīn 진
- 얼음사탕 **冰糖** bīngtáng 삥탕
- 시럽 **糖浆** tángjiāng 탕지앙
- 끓인 물 **开水** kāishuǐ 카이쉐이
- 끓여 식힌 물 **冷开水** lěng kāishuǐ 렁 카이쉐이
- 미지근한 물 **温开水** wēn kāishuǐ 원 카이쉐이

■ **음식재료 관련 단어**
- 생선 **鱼** yú 위
- 고기 **肉** ròu 르우
- 해산물 **海鲜** hǎixiān 하이시엔
- 새우 **虾** xiā 시아
- 달걀 **鸡蛋** jīdàn 지딴
- 두부 **豆腐** dòufu 떠우푸
- 배추 **大白菜** dàbáicài 따빠이차이
- 무 **萝卜** luóbo 루어뽀
- 파 **葱** cōng 총
- 양파 **洋葱** yángcōng 양총
- 오이 **黄瓜** huángguā 황꾸아

- 버섯 蘑菇 mógu 뭐꾸
- 시금치 菠菜 bōcài 뿨차이
- 부추 韭菜 jiǔcài 지우차이
- 감자 土豆 tǔdòu 투떠우

- 조미료 配料 pèiliào 페이랴오
- 향신료 香料 xiāngliào 샹랴오
- 소금 盐 yán 이엔
- 고춧가루 辣椒粉 làjiāofěn 라쟈오펀
- 후춧가루 胡椒面 hújiāomiàn 후쟈오몐
- 식초 醋 cù 추
- 간장 酱油 jiàngyóu 쟝여우
- 참기름 香油 xiāngyóu 시앙여우
- 식용유 食用油 shíyòngyóu 스용여우

■ 요리 관련 단어
- 샤부샤부 火锅 huǒguō 후어꾸어
- 마파두부 麻婆豆腐 mápó dòufu 마퍼 떠우푸
- 오리구이 烤鸭 kǎoyā 카오야
- 고기채볶음 鱼香肉丝 yúxiāng ròusī 위시앙 르우쓰
- 고기자장볶음 京酱肉丝 jīngjiàng ròusī 징쟝 르우쓰
- 고추닭고기볶음 辣子鸡丁 làzi jīdīng 라쯔 지띵
- 땅콩닭볶음 宫保鸡丁 gōngbǎo jīdīng 꽁빠오 지띵
- 소고기파볶음 葱爆牛肉 cōngbào niúròu 총빠오 니우르우
- 소고기덮밥 牛肉盖饭 niúròu gàifàn 니우르우 까이판
- 탕수육 糖醋里脊 tángcù lǐji 탕추 리지

- 주식 **主食** zhǔshí 주스
- 볶음밥 **炒饭** chǎofàn 츠아오판
- 국수 **面** miàn 몐
- 만두 **饺子** jiǎozi 쟈오쯔
- (소가 없는) 찐빵 **馒头** mántou 만터우

5. 쇼핑 购物 [gòuwù 꺼우우]

중국에는 결제 시에 신용카드 단계를 뛰어넘어 위챗페이라는 모바일 결제가 대세를 이루고 있습니다. 외국인은 짧은 여행 시에 모바일 결제를 위한 중국 통장 개설이 어려우므로, 중국돈(人民币)을 소지하는 것이 좋습니다.

➕ 상점에서

바지	은(는) 어디에 있습니까?
裤子	在 哪儿?
Kùzi	zài nǎr?
쿠쯔	짜이 나알?

- 치마 **裙子** qúnzi 췬쯔
- 셔츠 **衬衫** chènshān 츠언산
- 속옷 **内衣** nèiyī 네이이
- 외투 **大衣** dàyī 따이
- 스웨터 **毛衣** máoyī 마오이
- 양복 **西服** xīfú 시푸

- 양말 **袜子** wàzi 와쯔

- 장갑 手套 shǒutào 셔우타오
- 모자 帽子 màozi 마오쯔
- 구두 皮鞋 píxié 피시에
- 핸드백 手提包 shǒutíbāo 셔우티빠오
- 손목시계 手表 shǒubiǎo 셔우뱌오
- 반지 戒指 jièzhi 지에쯔
- 목걸이 项链 xiàngliàn 샹리엔
- 넥타이 领带 lǐngdài 링따이
- 스카프 围巾 wéijīn 웨이진
- 향수 香水 xiāngshuǐ 시앙쉐이

➕ 백화점에서

다른 [디자인] 은(는) 있습니까?
有 没 有 别 的 [款式] ?
Yǒu méiyǒu bié de [kuǎnshì] ?
여우 메이여우 삐에 더 [콴스] ?

- 색상 颜色 yánsè 이엔써
- 브랜드 品牌 pǐnpái 핀파이
- 사이즈 大小 dàxiǎo 따샤오

➕ 기타 쇼핑 관련 단어

- 슈퍼마켓 超市 chāoshì 츠아오스
- 면세점 免税店 miǎnshuìdiàn 미엔쉐이띠엔
- 상가 商场 shāngchǎng 상츠앙

- 얼마 多少(钱) duōshao(qián) 뚜어사오(치엔)
- 정찰제 不二价 bú'èrjià 뿌얼쟈
- 할인, 세일 打折 dǎzhé 따저
  20% 세일 打八折 dǎ bā zhé 따 빠 저
  80% 세일 打二折 dǎ èr zhé 따 얼 저
- 반품(하다) 退货 tuìhuò 퉤이훠
- 기념품 纪念品 jìniànpǐn 지니엔핀
- 선물 礼物 lǐwù 리우
- 카트 手推车 shōutuīchē 서우퉤이츠어

- 화장실 洗手间 xǐshǒujiān 시서우지엔
- 탈의실 试衣间 shìyījiān 스이지엔
- 엘리베이터 电梯 diàntī 띠엔티
- 에스컬레이터 自动扶梯 zìdòng fútī 쯔똥 푸티
- 점원 店员 diànyuán 띠엔위앤
- 계산대 收银台 shōuyíntái 서우인타이
- 문을 열다 开门 kāimén 카이먼
- 문을 닫다 关门 guānmén 꾸안먼
- 가격 价钱 jiàqian 쟈치엔
- 품질 质量 zhìliàng 즈량

- 길다 长 cháng 츠앙
- 짧다 短 duǎn 뚜안
- 크다 大 dà 따
- 작다 小 xiǎo 샤오
- 적당하다 合适 héshì 허스
- 비싸다 贵 guì 꿰이

- 싸다 **便宜 piányi** 피엔이
- 마음에 들다 **喜欢 xǐhuan** 시환
- 예쁘다 **好看 hǎokàn** 하오칸

6. 관광 观光 [guānguāng 꾸안꽝]

지역별로 다양한 경험을 하기 위해서는 컨디션 조절이 최우선인 만큼 출발하기 전에 온라인으로 호텔을 예약해 두는 것이 경제적으로도 좋습니다. 또한 중국 음식이 잘 맞지 않은 경우에는 방문하는 지역의 한국 식당을 미리 검색해 두고 가도록 합니다.

□ 몇 시에 출발합니까?

几点出发? 지 띠엔 / 츠우파?

Jǐ diǎn chūfā?

□ 예약이 필요합니까?

需要预定吗? 쉬야오 / 위띵 마?

Xūyào yùdìng ma?

□ 매표소가 어디에 있습니까?

售票处在哪儿? 서우퍄오츠우 / 짜이 나알?

Shòupiàochù zài nǎr?

☐ 화장실이 어디에 있습니까?

洗手间在哪儿? 시서우지엔 / 짜이 나알?

Xǐshǒujiān zài nǎr?

☐ 입장권이 얼마입니까?

门票多少钱? 먼퍄오 뚜어사오 치엔?

Ménpiào duōshao qián?

☐ 사진 찍어도 됩니까?

可以拍照吗? 커이 파이자오 마?

Kěyǐ pāizhào ma?

☐ 사진 좀 찍어주시겠습니까?

请帮我照一下, 好吗? 칭 빵 워 / 자오 이샤, 하오 마?

Qǐng bāng wǒ zhào yíxià, hǎo ma?

☐ 몇 시에 문 닫습니까?

几点关门? 지 띠엔 / 꾸안먼?

Jǐ diǎn guānmén?

여권 분실이나 긴급 상황 발생 시에는 가까운 한국대사관이나 영사관으로 연락하여 도움을 받도록 합니다. 잃어버린 물건도 주소가 적혀 있으면 돌아올 수도 있으므로 여권이나 소지품에 연락처를 꼭 기입해 두고 미리 여권 사진이 있는 페이지를 사진 찍어 두면 도움이 됩니다.

□ 살려(도와) 주세요!

救命啊! 지우밍 아!

Jiùmìng a!

□ 여권과 지갑을 잃어버렸습니다.

护照和钱包丢了。 후자오 허 / 치엔빠오 띠우 러.

Hùzhào hé qiánbāo diū le.

□ 제 지갑을 소매치기 당했습니다.

我的钱包给偷走了。 워 더 치엔빠오 / 께이 터우 쩌우 러.

Wǒ de qiánbāo gěi tōu zǒu le.

□ 한국 대사관으로 갑시다.

去韩国大使馆。 취 한꿔 / 따스꾸안.

Qù Hánguó dàshǐguǎn.

8. 병원 医院 [yīyuàn 이위앤]

예기치 않게 병이 났을 때는 가이드가 없다면 직접 호텔 프런트에 연락하면 병의 상태에 따라 왕진도 가능합니다. 의사를 직접 부를 때는 大夫(따이푸)라고 부르면 됩니다.

□ 이 부근에 병원이 있습니까?

这附近有医院吗? 저 푸진 / 여우 이위앤 마?

Zhè fùjìn yǒu yīyuàn ma?

□ 어디가 편찮으세요?

哪儿不舒服? 나알 / 뿌 수푸?

Nǎr bù shūfu?

□ 머리가 조금 아픕니다.

有点儿头疼。 여우띠얼 터우텅.

Yǒudiǎnr tóuténg.

□ 배가 몹시 아픕니다.

肚子疼得厉害。 뚜쯔 텅 더 / 리하이.

Dùzi téng de lìhai.

□ 심합니까?

严重吗? 이엔쭝 마?

Yánzhòng ma?

✚ 진찰실에서

저는 좀 　두통　 이 있습니다.
我 有点儿 　头疼　。
Wǒ yǒudiǎnr 　tóuténg　.
워 여우띠얼 　터우텅　.

- 치통　牙疼 yáténg 야텅
- 요통　腰疼 yāoténg 야오텅

■ 병원 관련 단어
- 입원하다　住院 zhùyuàn 주위앤
- 퇴원하다　出院 chūyuàn 츠우위앤
- 수혈하다　输血 shūxuè 수쉬에
- 혈압　血压 xuèyā 쉬에야
  - 혈압이 낮다　~低 dī ~ 띠
  - 혈압이 높다　~高 gāo ~ 까오
- 혈액형　血型 xuèxíng 쉬에싱
- O형　O型 O xíng O싱
- A형　A型 A xíng A싱
- 혈액　血液 xuèyè 쉬에이에

- 전문의　专科医生 zhuānkē yīshēng 주안커 이성
- 내과　内科 nèikē 네이커
- 외과　外科 wàikē 와이커
- 치과　牙科 yákē 야커
- 이(耳)과　耳科 ěrkē 얼커
- 소아과　儿科 érkē 얼커

- 산부인과 **妇产科** fùchǎnkē 푸츠안커
- 정형외과 **骨科** gǔkē 꾸커

- 응급실 **急诊室** jízhěnshì 지전스
- 의사 **大夫** dàifu 따이푸
- 간호사 **护士** hùshì 후스
- 환자 **病人** bìngrén 삥르언
- 엑스레이 **X光** x guāng X꾸앙
- 수술 **手术** shǒushù 서우수

9. 약국 **药店** [yàodiàn 야오띠엔]

여행 출발 전 비상약을 준비하면 제일 좋습니다. 그렇지 못한 경우 현지에서 감기나 설사 혹은 진통제가 필요할 경우는 번거로운 병원 방문보다는 약국에 들러 여기 여행회화를 참조하면 됩니다.

□감기에 걸렸습니다.

我感冒了。 워 깐마오 러.

Wǒ gǎnmào le.

□설사가 납니다.

我拉肚子了。 워 / 라 뚜쯔 러.

Wǒ lā dùzi le.

□ 지사제 있습니까?

有止泻药吗? 여우 / 즈시에 야오 마?
Yǒu zhǐxiè yào ma?

□ 아스피린 있습니까?

有阿司匹林吗? 여우 / 아쓰피린 마?
Yǒu āsīpǐlín ma?

□ 하루에 몇 번 복용합니까?

一天吃几次? 이 티엔 / 츠으 지 츠?
Yì tiān chī jǐ cì?

10. 노래방 歌厅 [gētīng 꺼팅]

여행 중 저녁에 여흥을 즐기기 위한다면 중국 대도시나 관광지에 많이 있는 노래방(练歌厅 리엔꺼팅)을 찾으면 됩니다. 규모가 다소 큰 곳은 한국 노래도 있으니 서바이벌 여행 회화를 사용하여 종업원(服务员 푸우위앤)에게 한국 노래 책자를 요구해 보세요.

□ 선곡하세요.

点歌吧。 띠엔꺼 바.
Diǎngē ba.

□ 한국어 노래 있습니까?

有韩文歌曲吗? 여우 / 한원 꺼취 마?

Yǒu Hánwén gēqǔ ma?

□ 먼저 한 곡 부르세요.

你先唱一首歌吧。 니 시엔 츠앙 / 이 서우 꺼 바.

Nǐ xiān chàng yì shǒu gē ba.

□ 저는 노래를 못 합니다.

我不会唱歌。 워 / 뿌 훼이 / 츠앙꺼.

Wǒ bú huì chànggē.

□ 저는 음치입니다.

我没有音乐细胞。 워 메이여우 / 인위에 시빠오.

Wǒ méiyǒu yīnyuè xìbāo.

□ 노래를 잘 하시네요.

你唱得不错。 니 츠앙 더 / 뿌추어.

Nǐ chàng de búcuò.

11. 전화 걸기 打电话 [dǎ diànhuà 따 띠엔화]

중국에서 와이파이 사용은 호텔 정도에서나 가능하니 출발 전에 미리 와이파이를 여행 기간만큼 구입해서 가면 좋습니다. 국제전화 걸 일이 있으면 위채트(wechat) 앱을 깔아서 카카오톡 무료 통화처럼 이용하면 됩니다. 참고로 중국에서 카카오톡은 연결이 잘 안 될 수 있습니다.

□ 여보세요, 왕선생님 계십니까?

喂, 王先生在吗? 웨이, 왕 시엔성 / 짜이 마?

Wéi, Wáng xiānsheng zài ma?

□ 미안합니다, 잘못 걸었습니다.

对不起, 我打错了。 뛔이부치, 워 / 따 추어 러.

Duìbuqǐ, wǒ dǎ cuò le.

□ 잘 못 들었습니다.

我听不清楚。 워 / 팅 부 칭츠우.

Wǒ tīng bu qīngchu.

□ 천천히 말씀해 주세요.

请慢慢说。 칭 / 만만 수어.

Qǐng mànmān shuō.

12. 인터넷 하기 上网 [shàngwǎng 상왕]

한국인이 중국 PC방을 이용하려면 여권을 꼭 휴대해야 합니다. 휴대전화 번호로 등록을 하고 돈을 충전하고 인증번호 누르고 시작하면 됩니다. 사용료는 업소마다 차이가 있습니다. 18세 미만 청소년은 PC방 출입이 안 됩니다. 그동안은 담배 연기를 감수해야 했으나, 최근에는 한국처럼 흡연구역을 별도로 지정하는 추세입니다.

☐이 부근에 PC방 있습니까?

这附近有网吧吗? 저 푸진 / 여우 왕빠 마?

Zhè fùjìn yǒu wǎngbā ma?

☐인터넷 하는데 한 시간에 얼마입니까?

上网一个小时多少钱? 상왕 / 이 거 샤오스 / 뚜어사오 치엔?

Shàngwǎng yí ge xiǎoshí duōshao qián?

☐제게 이메일로 보내 주세요.

发给我电子邮件。 파 께이 워 / 띠엔쯔 여우지엔.

Fā gěi wǒ diànzǐ yóujiàn.

☐동영상이 열리지 않아요.

视频打不开。 스핀 / 따 부 카이.

Shìpín dǎ bu kāi.

13. 은행 银行 [yínháng 인항]

중국 체류 기간이 다소 길다면 위채트 결제 등을 위해서 은행 통장 개설이 필요할 수 있습니다. 혹은 환전이 필요할 경우 은행을 이용할 수 있습니다.

□ 환전하려고 합니다.

我要换钱。 워 야오 환치엔.

Wǒ yào huànqián.

□ 인민폐로 바꾸어 주세요.

换人民币。 환 르언민삐.

Huàn rénmínbì.

□ 신용카드 하나 만들려고 합니다.

我要办一张信用卡。 워 야오 / 빤 이 장 / 신용카.

Wǒ yào bàn yì zhāng xìnyòngkǎ.

□ 비밀번호 눌러 주세요.

请输入密码。 칭 수르우 미마.

Qǐng shūrù mìmǎ.

14. 부정할 때 자주 쓰는 표현

서바이벌 회화에서 꼭 필요한 부정할 때 자주 쓰는 표현을 모았으니, 주제에 상관없이 찾아보기 기능으로 활용바랍니다.

■ ~하지 마라 不要 ~búyào 뿌야오

• 가지 마세요. 不要去。 Búyào qù. 뿌야오 취.

• 긴장하지 마세요 不要紧张。 Búyào jǐnzhāng. 뿌야오 진장.

• 나가지 마세요. 不要出去。 Búyào chūqù. 뿌야오 츠우취.

• 담배 피우지 마세요. 不要抽烟。

                            Búyào chōuyān. 뿌야오 츠우옌.

• 잊지 마세요. 不要忘记。 Búyào wàngjì. 뿌야오 왕지.

• 거절하지 마세요. 不要拒绝。 Búyào jùjué. 뿌야오 쥐쥐에.

• 오해하지 마세요. 不要误会。 Búyào wùhuì. 뿌야오 우훼이.

• 초과하지 마세요. 不要超过。

                         Búyào chāoguò. 뿌야오 츠아오꿔.

• 조급해 하지 마세요. 不要着急。 Búyào zháojí. 뿌야오 자오지.

■ ~하고 싶지 않다 ~不想 bù xiǎng 뿌시앙

• 가고 싶지 않다. 不想去。 Bù xiǎng qù. 뿌 시앙 취.

• 말하고 싶지 않다. 不想说。 Bù xiǎng shuō. 뿌 시앙 수어.

• 먹고 싶지 않다. 不想吃。 Bù xiǎng chī. 뿌 시앙 츠으.

• 그를 만나고 싶지 않다. 不想见他。

                        Bù xiǎng jiàn tā. 뿌 시앙 지엔 타.

■ ~할 필요 없다 不用 ~búyòng 뿌용

• 걱정할 필요 없다. 不用担心。 Búyòng dānxīn. 뿌용 딴신.

- 찾을 필요 없다. **不用找。** Búyòng zhǎo. 뿌용 자오.
- 말할 필요 없다. **不用说。** Búyòng shuō. 뿌용 수어.
- 사양하지 마세요. **不用客气。** Búyòng kèqi. 뿌용 커치.
- 불을 켤 필요가 없다. **不用开灯。** Búyòng kāidēng. 뿌용 카이떵.

■ ~할 수 없다 **不能 ~**bù néng 뿌 넝

- 말할 수 없다. **不能说。** Bù néng shuō. 뿌 넝 수어.
- 갈 수 없다. **不能去。** Bù néng qù. 뿌 넝 취.
- 비교할 수 없다. **不能相比。**

    Bù néng xiāngbǐ. 뿌 넝 시앙삐.
- 열 수가 없다. **不能打开。** Bù néng dǎkāi. 뿌 넝 따카이.

중국 격언

大多数人想要改造这个世界，但却罕有人想改造自己。
Dà duōshù rén xiǎng yào gǎizào zhège shìjiè, dàn què hǎnyǒu rén xiǎng gǎizào zìjǐ.
대부분의 사람들은 이 세상을 바꾸려 하고, 단지 소수의 사람만이 자신을 바꾸고 싶어한다.

言必信，行必果。
Yán bì xìn, xíng bì guǒ.
말에는 신용이 있어야 하고, 행동에는 결과가 있어야 한다.

胜不骄，败不馁。
Shèng bù jiāo, bài bù něi.
승리해도 교만하지 않고, 패해도 낙담하지 않는다.

HSK 3급

어휘와 예문

1. 동사

祝	zhù	기원하다, 축하하다 祝你生日快乐! 생일 축하합니다! ~ nǐ shēngrì kuàilè!
长	zhǎng	자라다, 생기다 他已经长大了。 그는 이미 성장했다. Tā yǐjing ~dà le.
站	zhàn	서다, 일어서다 大家都站起来。 모두들 일어나세요. Dàjiā dōu ~ qǐlai.
用	yòng	쓰다, 사용하다 你会用筷子吗? 너는 젓가락을 쓸 줄 아니? Nǐ huì ~ kuàizi ma?
像	xiàng	…와 같다, 비슷하다 他很像他妈妈。 그는 자기 엄마를 무척 닮았다. Tā hěn ~ tā māma.
习惯	xíguàn	습관이 되다, 익숙해지다 他已经习惯了这里的生活。 Tā yǐjing ~le zhèli de shēnghuó. 그는 이미 이곳 생활에 익숙해졌다.
使	shǐ	(~에게) ~시키다. ~하게 하다. 使人高兴。 다른 사람을 기쁘게 하다. ~ rén gāoxìng.

骑	qí	타다
		骑车走吧! 자전거를 타고 가자!
		~chē zǒu ba!

拿	ná	쥐다, 잡다, 가지다
		我一个人拿不动。 나 혼자서는 들 수 없다.
		Wǒ yí ge rén ~ bú dòng.

哭	kū	울다
		别哭。 울지 마.
		Bié ~.

借	jiè	빌리다, 빌려주다.
		我借他一百元。
		Wǒ ~ tā yìbǎi yuán.
		나는 그에게 백 위안을 빌려주었다.

接	jiē	받다, 접수하다, 마중하다
		我接到了你的信。 네 편지를 받았다.
		Wǒ ~dàole nǐ de xīn.

教	jiāo	가르치다
		谁教你汉语? 누가 네게 중국어를 가르치니?
		Shéi ~ nǐ Hànyǔ?

讲	jiǎng	말하다, 이야기하다
		讲故事。 이야기를 하다.
		~ gùshi.

换	huàn	교환하다
		换人民币。 인민폐로 바꾸다.
		~ rénmínbì.

画	huà	그림을 그리다
		我画得怎么样? 내가 그린 거 어때?
		Wǒ ~ de zěnmeyàng?

花	huā	쓰다, 소비하다
		今天我花了很多钱。 오늘 나는 돈을 많이 썼다.
		Jīntiān wǒ ~le hěn duō qián.

关	guān	닫다, 덮다
		把门关上。 문을 닫아라.
		Bǎ mén ~shang.

放	fàng	놓아주다, 쉬다
		放暑假。 여름방학을 하다.
		~ shǔjià.

带	dài	휴대하다, 데려가다
		我带你去吧。 내가 너를 데리고 갈게.
		Wǒ ~ nǐ qù ba.

搬	bān	(크고 무거운 것을) 옮기다, 운반하다
		你什么时候搬家? 너는 언제 이사할거니?
		Nǐ shénme shíhou ~jiā?

包	bāo	(종이처럼 얇은 것으로) 싸다
		用纸包东西。 종이로 물건을 싸다.
		Yòng zhǐ ~ dōngxi.

注意	zhùyì	주의하다, 조심하다
		你注意身体啊。 건강에 주의해라.
		Nǐ ~ shēntǐ a.

照顾	zhàogù	돌보다, 간호하다

她很会照顾人。 그녀는 남을 잘 돌본다.

Tā hěn huì ~ rén.

着急	zháo//jí	조급해하다, 초조하다

别着急。 조급해하지 마.

Bié ~.

遇到	yùdào	만나다, 마주치다

我在街上遇到了他。

Wǒ zài jiēshang ~le tā.

나는 길거리에서 그와 마주쳤다.

以为	yǐwéi	여기다, 간주하다(사실과 부합되지 않는 경우)

我以为他是好人。

Wǒ ~ tā shì hǎorén.

나는 그가 좋은 사람이라고 여겼다.

要求	yāoqiú	요구하다

他们对我要求太高了。

Tāmen duì wǒ ~ tài gāo le.

그들은 나에게 요구하는 것이 너무 많다.

选择	xuǎnzé	고르다, 선택하다

我不想选择这种职业。

Wǒ bù xiǎng ~ zhè zhǒng zhíyè.

나는 이런 직업을 선택하고 싶지 않다.

需要	xūyào	필요하다

你需要我的帮助吗? 내 도움이 필요하니?

Nǐ ~ wǒ de bāngzhù ma?

小心	xiǎoxīn	조심하다
		开车要小心。 조심해서 운전해야 한다.
		Kāichē yào ~.

相信	xiāngxìn	믿다, 신임하다
		我不相信他。 나는 그를 믿지 못한다.
		Wǒ bù ~ tā.

洗澡	xǐ//zǎo	목욕하다, 몸을 씻다
		我天天洗澡。 나는 매일 목욕한다.
		Wǒ tiāntiān ~.

忘记	wàngjì	잊다, 망각하다
		我忘记了他的名字。 나는 그의 이름을 잊어버렸다.
		Wǒ ~le tā de míngzi.

完成	wánchéng	완성하다
		我终于完成任务了。 나는 마침내 임무를 완성했다.
		Wǒ zhōngyú ~ rènwu le.

同意	tóngyì	동의하다
		我同意你的意见。 난 네 의견에 동의해.
		Wǒ ~ nǐ de yìjiàn.

提高	tígāo	제고하다, 향상시키다
		提高质量。 품질을 향상시키다.
		~ zhìliàng.

刷牙	shuā//yá	이를 닦다
		你一天刷几次牙? 하루에 이를 몇 번 닦니?
		Nǐ yìtiān shuā jǐ cì yá?

生气	shēng//qì	화내다
		不要生气。 화내지 마라.
		Búyào ~.

上网	shàng//wǎng	인터넷을 하다
		上**不了**网。 인터넷 접속이 안 된다.
		Shàng bu liǎo wǎng.

认为	rènwéi	~라고 여기다, ~라고 생각하다.
		我认为他很聪明。
		Wǒ ~ tā hěn cōngming.
		나는 그가 무척 총명하다고 생각해.

明白	míngbai	알다, 이해하다.
		我明白你的意思。 나는 네 뜻을 이해한다.
		Wǒ ~ nǐ de yìsi.

满意	mǎnyì	만족하다
		我感到很满意。 나는 아주 만족한다.
		Wǒ gǎndào hěn ~.

了解	liǎojiě	자세하게 알다, 이해하다
		你太不了解我了。 너는 나를 잘 이해하지 못한다.
		Nǐ tài bù ~ wǒ le.

练习	liànxí	연습하다, 익히다
		我每天都练习书法。 나는 매일 서예를 연습한다.
		Wǒ měitiān dōu ~ shūfǎ.

离开	lí//kāi	떠나다
		请不要离开我。 저를 버리지 마세요.
		Qǐng búyào ~ wǒ.

决定	juédìng	결정하다

我决定不去中国。

Wǒ ~ bú qù Zhōngguó.

나는 중국에 안 가기로 결정했다.

举行	jǔxíng	거행하다

举行欢送会。 환송회를 거행하다.

~ huānsònghuì.

经过	jīngguò	경유하다, 통과하다

到银行去要经过邮局。

Dào yínháng qù yào ~ yóujú.

은행에 가려면 우체국을 거쳐야 한다.

解决	jiějué	해결하다

解决困难。 어려움을 해결하다.

~ kùnnan.

结束	jiéshù	끝나다, 마치다

结束工作。 일을 마치다.

~ gōngzuò.

结婚	jié//hūn	결혼하다

你们什么时候结婚? 너희 언제 결혼하니?

Nǐmen shénme shíhou ~?

见面	jiàn//miàn	만나다, 대면하다

跟同学见面。 동창과 만나다.

Gēn tóngxué ~.

检查	jiǎnchá	검사하다

检查身体。 신체를 검사하다.

~ shēntǐ.

记得	jìde	기억하고 있다

我还记得她的名字。
Wǒ hái ~ tā de míngzi.
나는 아직 그녀의 이름을 기억하고 있다.

害怕	hài//pà	겁내다, 두려워하다

他从没害怕过。
Tā cóng méi hàipà guo.
그는 여태껏 두려워해 본 적이 없다.

关心	guānxīn	관심을 기울이다

他不关心自己的健康。
Tā bù ~ zìjǐ de jiànkāng.
그는 자기 건강에 관심이 없다.

刮风	guā//fēng	바람이 불다

刮很大的风。　아주 센 바람이 분다.
Guā hěn dà de fēng.

复习	fùxí	복습하다

你们好好儿复习复习吧。
Nǐmen hǎohāor ~ ~ ba.
너희들은 복습을 잘 해라.

放心	fàng//xīn	마음을 놓다, 안심하다

你放心好了。　너는 안심해도 된다.
Nì ~ hǎo le.

发现	fāxiàn	발견하다, 알아차리다

发现了她的秘密。　그녀의 비밀을 발견했다.
~ le tā de mìmì.

发烧	fāshāo	열이 나다
		头疼发烧。 머리가 아프고 열이 난다.
		Tóuténg ~.

锻炼	duànliàn	단련하다
		天天锻炼身体。 매일 신체를 단련한다.
		Tiāntiān ~ shēntǐ.

担心	dān//xīn	걱정하다
		你不用担心。 너는 걱정할 필요 없어.
		Nǐ búyòng ~.

打算	dǎsuàn	~하려고 하다.
		他打算当律师。 그는 변호사가 되려고 한다.
		Tā ~ dāng lǜshī.

打扫	dǎsǎo	청소하다
		打扫好了吗? 청소를 다 했니?
		~ hǎo le ma?

出现	chūxiàn	출현하다, 나타나다
		出现问题。 문제가 생기다.
		~ wèntí.

迟到	chídào	지각하다
		他迟到了半个小时。 그는 30분 지각했다.
		Tā ~le bàn ge xiǎoshí.

参加	cānjiā	참가하다, 가입하다
		参加了体育比赛。 체육 시합에 참가했다.
		~le tǐyù bǐsài.

表示	biǎoshì	표시하다, 의미하다, 가리키다
		他们都表示同意。 그들은 다 동의를 표했다.
		Tāmen dōu ~ tóngyì.

变化	biànhuà	변화하다, 달라지다
		发生变化。 변화가 발생하다.
		Fāshēng ~.

帮忙	bāng//máng	도움을 주다, 원조하다
		请多帮忙。 많이 도와주세요.
		Qǐng duō ~.

过去	guòqu	지나가다, 가다
		你过去看看。 네가 가서 좀 봐라.
		Nǐ ~ kànkan.

表演	biǎoyǎn	공연하다, 연기하다
		你们在哪里表演? 너희는 어디에서 공연하니?
		Nǐmen zài nǎli ~?

2. 조동사

敢	gǎn	감히 ~하다
		你敢提意见吗?
		Nǐ ~ tí yìjiàn ma?
		네가 감히 의견을 제시하는 거냐?

应该	yīnggāi	~해야 한다
		应该我去。 내가 가야만 한다.
		~ wǒ qù.

愿意	yuànyi	~하고 싶다
		我也愿意去。 나도 가고 싶어.
		Wǒ yě ~ qù.

3. 형용사

低	dī	(높이나 등급이) 낮다
		水平很低。 수준이 낮다.
		Shuǐpíng hěn ~.

胖	pàng	뚱뚱하다
		这孩子真胖。 이 아이는 정말 뚱뚱하다.
		Zhè háizi zhēn ~.

疼	téng	아프다
		肚子一直很疼。 배가 계속 아프다.
		Dùzi yìzhí hěn ~.

甜	tián	달다, 달콤하다
		西瓜很甜。 수박이 아주 달다.
		Xīguā hěn ~.

饱	bǎo	배부르다
		我吃饱了。 나는 배가 부르다.
		Wǒ chī~ le.

饿	è	배고프다
		肚子很饿。 몹시 배가 고프다.
		Dùzi hěn ~.

渴	kě	갈증나다, 목마르다
		渴死了！ 목말라 죽겠다!
		~sǐ le!

差	chà	나쁘다, 차이 나다
		一点都不差。 조금도 나쁘지 않다.
		Yìdiǎn dōu bú ~.

久	jiǔ	오래 되다, 시간이 길다
		已经很久了。 이미 오래 되었다.
		Yǐjing hěn ~ le.

老	lǎo	늙다
		我已经老了。 나는 이미 늙었어.
		Wǒ yǐjing ~ le.

难	nán	어렵다, 힘들다
		学汉语不太难。 중국어 배우는 건 그리 어렵지 않다.
		Xué Hànyǔ bú tài ~.

瘦	shòu	마르다, 여위다
		我觉得他很瘦。 나는 그가 아주 말랐다고 생각한다.
		Wǒ juéde tā hěn ~.

蓝	lán	파란색의, 남색의
		天是蓝的。 하늘이 파랗다.
		Tiān shì ~ de.

聪明	cōngming	똑똑하다, 총명하다
		他是个聪明的学生。 그는 총명한 학생이다.
		Tā shì ge ~ de xuésheng.

可爱	kě'ài	귀엽다
		这个小孩真可爱。 이 아이는 정말 귀엽다.
		Zhège xiǎohái zhēn ~.

年轻	niánqīng	젊다, 어리다
		你比我年轻得多。 너는 나보다 한참 젊다.
		Nǐ bǐ wǒ ~ de duō.

奇怪	qíguài	이상하다, 괴이하다
		他并不奇怪。 그는 결코 이상하지 않다.
		Tā bìng bù ~.

热情	rèqíng	열정적인, 친절하다
		服务员很热情。 종업원이 아주 친절하다.
		Fúwùyuán hěn ~.

认真	rènzhēn	진지하다, 착실하다
		他对工作很认真。 그는 업무에 아주 진지하다.
		Tā duì gōngzuò hěn ~.

特别	tèbié	특별하다, 특이하다
		这个节目很特别。 이 프로그램은 아주 특이하다.
		Zhège jiémù hěn ~.

相同	xiāngtóng	서로 같다, 일치하다
		他们的观点不相同。 그들의 관점은 다르다.
		Tāmen de guāndiǎn bù ~.

一样	yíyàng	같다
		他长得和妈妈一样。 그는 엄마와 닮았다.
		Tā zhǎng de hé māma ~.

一般	yìbān	보통이다, 일반적이다

你一般几点睡觉? 너는 보통 몇 시에 자니?
Nǐ ~ jǐ diǎn shuìjiào?

主要	zhǔyào	주요한, 주된

他是主要人物。 그는 주요 인물이다.
Tā shì ~ rénwù.

安静	ānjìng	조용하다

这个房间很安静。 이 방은 아주 조용하다.
Zhège fángjiān hěn ~.

当然	dāngrán	당연하다, 물론이다

你提意见是当然的。
Nǐ tí yìjiàn shì ~ de.
네가 의견을 제시하는 것은 당연하다.

方便	fāngbiàn	편리하다

你们那儿交通方便吗?
Nǐmen nàr jiāotōng ~ ma?
네가 있는 곳은 교통이 편리하니?

干净	gānjìng	깨끗하다

打扫得很干净。 아주 깨끗하게 청소한다.
Dǎsǎo de hěn ~.

简单	jiǎndān	간단하다, 단순하다

情节很简单。 줄거리가 아주 단순하다.
Qíngjié hěn ~.

健康	jiànkāng	건강하다, 건전하다

祝你身体健康! 몸 건강하시길 바랍니다!
Zhù nǐ shēntǐ ~!

难过	nánguò	괴롭다
		你别太难过了! 너무 괴로워하지 마!
		Nǐ bié tài ~ le!

清楚	qīngchu	분명하다, 뚜렷하다
		他的发音很清楚。 그의 발음은 아주 분명하다.
		Tā de fāyīn hěn ~.

容易	róngyì	쉽다
		这次考试真容易。 이번 시험은 정말 쉽다.
		Zhè cì kǎoshì zhēn ~.

舒服	shūfu	편안하다
		你觉得舒服吗? 편안하세요?
		Nǐ jué de ~ ma?

新鲜	xīnxiān	신선하다, 싱싱하다
		这块肉很新鲜。 이 고기는 아주 신선하다.
		Zhè kuài ròu hěn ~.

有名	yǒumíng	유명하다
		这个产品很有名。 이 제품은 아주 유명하다.
		Zhège chǎnpǐn hěn ~.

重要	zhòngyào	중요하다
		学外语发音很重要。
		Xué wàiyǔ fāyīn hěn ~.
		외국어를 배우는 데는 발음이 아주 중요하다.

努力	nǔlì	열심이다
		他每天努力学习。 그는 매일 열심히 공부한다.
		Tā měitiān ~ xuéxí.

4. 명사

种	zhǒng	씨앗, 종자

种种子。 종자를 심다.
Zhòng ~zi.

云	yún	구름

天上飘着一朵白云。
Tiānshàng piāozhe yì duǒ bái~.
하늘에 흰구름 하나가 떠 있다.

信	xìn	편지

他的信我还没收到。
Tā de ~ wǒ hái méi shōudào.
그의 편지는 아직 받지 못했다.

鞋	xié	신발, 구두

这双鞋很好看。 이 신발은 아주 예쁘다.
Zhè shuāng ~ hěn hǎokàn.

夏	xià	여름

台北夏天很闷热。
Táiběi ~tiān hěn mènrè.
타이뻬이의 여름은 아주 후덥지근하다.

西	xī	서쪽

往西走。 서쪽으로 가다.
Wǎng ~ zǒu.

腿	tuǐ	다리

我的腿不好。 내 다리가 좋지 않다.
Wǒ de ~ bù hǎo.

条	tiáo	가늘고 긴 것(양사)
		我喜欢吃面条儿。
		Wǒ xǐhuan chī miàn~r.
		나는 국수 먹는 것을 좋아한다.

糖	táng	설탕, 사탕
		搁一些糖吧。 설탕을 조금 넣어라.
		Gē yìxiē ~ ba.

树	shù	나무, 수목
		种苹果树。 사과나무를 심다.
		Zhòng píngguǒ~.

伞	sǎn	우산
		要下雨，别忘了带伞。
		Yào xiàyǔ, bié wàngle dài ~.
		비가 오려고 하니 우산 가져 가는 것을 잊지 마라.

秋	qiū	가을
		秋天就快要到了。 가을이 곧 다가온다.
		~tiān jiù kuàiyào dào le.

鸟	niǎo	새
		我以前养过两只鸟。
		Wǒ yǐqián yǎngguo liǎng zhī ~.
		나는 전에 새 두 마리를 길렀다.

南	nán	남쪽
		两只鸟朝南飞去。
		Liǎng zhī niǎo cháo ~ fēi qù.
		새 두 마리가 남쪽으로 날아간다.

米	mǐ	**쌀** **这种**米**好吃吗？** 이런 쌀은 맛있습니까? Zhè zhǒng ~ hǎochī ma?
马	mǎ	**말** **你会骑**马**吗？** 너는 말을 탈 줄 아느냐? Nǐ huì qí~ ma?
脸	liǎn	**얼굴** 脸**红了。** 얼굴이 붉어졌다. ~ hóng le.
脚	jiǎo	**다리** **人人都有两只**脚。 Rénrén dōu yǒu liǎng zhī ~. 사람은 모두 다리 두 개가 있다.
角	jiǎo	**뿔** **这是牛**角。 이것은 소뿔이다. Zhè shì niú~.
河	hé	**강, 하천** **过**河。 강을 건너다. Guò ~.
附近	fùjìn	**가까운 / 부근, 근처** **住在学校**附近。 학교 부근에 산다. Zhù zài xuéxiào ~.
东	dōng	**동쪽** 东**风吹来了。** 동풍이 불어왔다. ~fēng chuīlái le.

冬	dōng	겨울
		冬天到了。 겨울이 왔다.
		~tiān dào le.

灯	dēng	등, 라이트
		你别忘记关灯。 불 끄는 것을 잊지 마라.
		Nǐ bié wàngjì guān~.

春	chūn	봄, 춘계
		一年之计在于春。 1년 계획은 봄에 세운다.
		Yì nián zhī jì zài yú ~.

草	cǎo	풀
		爱护花草。 화초를 보호하다.
		Àihù huā~.

班	bān	조, 그룹, 반
		他是我们班的班长。
		Tā shì wǒmen ~ de bānzhǎng.
		그는 우리 반의 반장이다.

作用	zuòyòng	작용, 역할
		起作用。 역할을 하다.
		Qǐ ~.

作业	zuòyè	숙제, 과제
		做作业。 숙제를 하다.
		Zuò ~.

最近	zuìjìn	최근, 요즈음
		我最近很忙。 나는 요즘 아주 바쁘다.
		Wǒ ~ hěn máng.

词典	cídiǎn	사전

我需要一本词典。
Wǒ xūyào yì běn ~.
나는 사전 한 권이 필요하다.

周末	zhōumò	주말

周末快乐! 즐거운 주말 보내세요!
~ kuàilè!

中间	zhōngjiān	중간, 가운데

大田在首尔和大邱中间。
Dàtián zài Shǒu'ěr hé Dàqiū ~.
대전은 서울과 대구의 중간에 있다.

照片	zhàopiàn	사진

拍照片。 사진을 찍다.
Pāi ~.

月亮	yuèliang	달

月亮升起来。 달이 떠오르다.
~ shēng qǐlai.

游戏	yóuxì	게임, 놀이

玩游戏。 게임을 하다.
Wán ~.

影响	yǐngxiǎng	영향

影响不大。 영향이 크지 않다.
~ bú dà.

银行	yínháng	은행

他去银行取钱。

Tā qù ~ qǔqián.

그는 돈을 찾으러 은행에 간다.

音乐	yīnyuè	음악

他喜欢听音乐。

Tā xǐhuan tīng ~.

그는 음악 듣는 것을 좋아한다.

以前	yǐqián	이전, 예전

这个地方我以前来过.

Zhège dìfang wǒ ~ láiguo.

이곳은 내가 이전에 온 적이 있다.

以后	yǐhòu	이후, 금후

以后, 要听话.   이후에는 말을 잘 들어.

~, yào tīnghuà.

爷爷	yéye	할아버지, 조부

爷爷去年去世了。조부는 작년에 돌아가셨다.

~ qùnián qùshì le.

眼镜	yǎnjìng	안경

爸爸戴着眼镜看报纸。

Bàba dàizhe ~ kàn bàozhǐ.

아빠는 안경을 쓰고 신문을 보신다.

熊猫	xióngmāo	판다

熊猫吃什么呢?   판다는 무엇을 먹습니까?

~ chī shénme ne?

兴趣	xìngqù	흥미, 취미

我对心理学感兴趣。

Wǒ duì xīnlǐxué gǎn ~.

나는 심리학에 흥미가 있다.

新闻	xīnwén	뉴스, 소식

最近有什么重要新闻?

Zuìjìn yǒu shénme zhòngyào ~?

요즘 무슨 중요한 뉴스가 있니?

校长	xiàozhǎng	교장

他是我们大学的校长。

Tā shì wǒmen dàxué de ~.

그는 우리 대학 총장님이다.

香蕉	xiāngjiāo	바나나

我买了四斤香蕉。 나는 바나나 4근을 샀다.

Wǒ mǎile sì jīn ~.

文化	wénhuà	문화

提高文化水平。 문화 수준을 높이다.

Tígāo ~ shuǐpíng.

头发	tóufa	머리털

她的头发很长。

Tā de ~ hěn cháng.

그녀의 머리카락이 아주 길다.

同事	tóngshì	동료

他们是老同事。 그들은 오랜 동료이다.

Tāmen shì lǎo ~.

体育	tǐyù	체육

我喜欢看体育新闻。
Wǒ xǐhuan kàn ~ xīnwén.
나는 스포츠뉴스를 즐겨 본다.

太阳	tàiyáng	태양, 해

晒太阳。　햇볕을 쬐다.
Shài ~.

司机	sījī	기사, 운전사

他是公共汽车司机。　그는 버스 기사입니다.
Tā shì gōnggòng qìchē ~.

水平	shuǐpíng	수준, 능력

他的文化水平挺高的。
Tā de wénhuà ~ tǐng gāo de.
그의 문화 수준은 아주 높다.

数学	shùxué	수학

数学成绩不太好。
~ chéngjì bú tài hǎo.
수학 성적이 그다지 좋지 않다.

叔叔	shūshu	숙부, 삼촌

他的叔叔当律师。
Tā de ~ dāng lǜshī.
그의 작은아버지는 변호사입니다.

世界	shìjiè	세계

她是世界著名设计师。
Tā shì ~ zhùmíng shèjìshī.
그녀는 세계적으로 저명한 디자이너이다.

声音	shēngyīn	소리, 목소리

他的声音很好听。
Tā de ~ hěn hǎotīng.
그의 목소리는 아주 듣기 좋다.

裙子	qúnzi	치마, 스커트

她爱穿裙子。　그녀는 치마 입기를 좋아한다.
Tā ài chuān ~.

铅笔	qiānbǐ	연필

我一般用铅笔写字。
Wǒ yìbān yòng ~ xiězì.
나는 보통 연필로 글씨를 쓴다.

葡萄	pútao	포도

我想喝葡萄酒。　나는 포도주를 마시고 싶다.
Wǒ xiǎng hē ~jiǔ.

啤酒	píjiǔ	맥주

再来一瓶啤酒。　맥주 한 병 더 주세요.
Zài lái yì píng ~.

盘子	pánzi	쟁반, 접시

擦盘子。　접시를 닦다.
Cā ~.

年级	niánjí	학년

你上几年级?　너는 몇 학년이니?
Nǐ shàng jǐ ~?

奶奶	nǎinai	할머니

这是我的奶奶。　이 분은 제 할머니입니다.
Zhè shì wǒ de ~.

面条	miàntiáo	국수 中午我吃了两碗面条。 Zhōngwǔ wǒ chīle liǎng wǎn ~. 점심에 나는 국수 두 그릇을 먹었다.
面包	miànbāo	빵 我早上吃了一个面包。 Wǒ zǎoshang chīle yí ge ~. 나는 아침에 빵 하나를 먹었다.
帽子	màozi	모자 我喜欢戴帽子。 Wǒ xǐhuan dài ~. 나는 모자 쓰는 것을 좋아한다.
邻居	línjū	이웃집, 이웃 사람 她是我的邻居。　그녀는 나의 이웃 사람이다. Tā shì wǒ de ~.
历史	lìshǐ	역사 中国有悠久的历史。 Zhōngguó yǒu yōujiǔ de ~. 중국은 유구한 역사가 있다.
礼物	lǐwù	선물, 예물 这是他送给我的礼物。 Zhè shì tā sòng gěi wǒ de ~. 이것은 그가 내게 준 선물이다.
筷子	kuàizi	젓가락 拿两双筷子来。　젓가락 두 짝 갖다 줘. Ná liǎng shuāng ~ lái.

裤子	kùzi	바지

这条裤子有一点儿肥。
Zhè tiáo ~ yǒu yìdiǎnr féi.
이 바지는 좀 헐렁하다.

空调	kōngtiáo	에어컨

开空调。 에어컨을 켜다.
Kāi ~.

客人	kèrén	손님, 고객

接客人。 손님을 마중하다.
Jiē ~.

句子	jùzi	구절, 문장

用这个词造一个句子吧。
Yòng zhège cí zào yí ge ~ ba.
이 단어로 문장 하나 만들어 봐.

经理	jīnglǐ	지배인, 사장

他是我们的经理。 그는 우리의 지배인이다.
Tā shì wǒmen de ~.

节日	jiérì	기념일, 명절

十月有几个节日？
Shí yuè yǒu jǐ ge ~?
10월에 기념일이 몇 번 있니?

节目	jiémù	프로그램

他喜欢看新闻节目。
Tā xǐhuan kàn xīnwén ~.
그는 뉴스 프로그램을 즐겨 본다.

街道	jiēdào	거리
		打扫街道。 거리를 청소하다.
		Dǎsǎo ~.

季节	jìjié	계절, 절기
		你喜欢哪个季节? 너는 어느 계절을 좋아하니?
		Nǐ xǐhuan nǎge ~.

机会	jīhuì	기회
		这是我们最后的机会。
		Zhè shì wǒmen zuìhòu de ~.
		이것은 우리의 마지막 기회이다.

会议	huìyì	회의
		几点举行会议? 몇 시에 회의를 여니?
		Jǐ diǎn jǔxíng ~?

环境	huánjìng	환경
		保护自然环境。 자연환경을 보호하다.
		Bǎohù zìrán ~.

花园	huāyuán	화원, 가든
		我们去花园玩儿吧。 우리 화원에 놀러가자.
		Wǒmen qù ~ wánr ba.

护照	hùzhào	여권
		我的护照丢了。 제 여권을 잃어버렸습니다.
		Wǒ de ~ diū le.

黑板	hēibǎn	칠판
		在黑板上写字。 칠판에 글씨를 쓰다.
		Zài ~ shàng xiězì.

果汁	guǒzhī	과일즙, 과일 주스
		想喝果汁。 과일 주스를 마시고 싶다.
		Xiǎng hē ~.

国家	guójiā	국가, 나라
		世界上有多少个国家?
		Shìjièshang yǒu duōshao ge ~?
		세계에는 몇 개의 나라가 있니?

关系	guānxi	관계
		没关系。 관계없다. 괜찮다.
		Méi ~.

故事	gùshi	이야기
		讲故事。 이야기를 하다.
		Jiǎng ~.

公园	gōngyuán	공원
		去公园照相吧。 공원에 가서 사진 찍자.
		Qù ~ zhàoxiàng ba.

刚才	gāngcái	방금
		刚才你吃什么了? 방금 무엇을 먹었니?
		~ nǐ chī shénme le?

感冒	gǎnmào	감기
		我得了感冒。 나는 감기에 걸렸다.
		Wǒ déle ~.

耳朵	ěrduo	귀
		他耳朵软。 그는 귀가 얇다.
		Tā ~ ruǎn.

动物	dòngwù	동물

你喜欢什么动物? 너는 어떤 동물을 좋아하니?
Nǐ xǐhuan shéme ~?

电梯	diàntī	엘리베이터

乘电梯上去吧。 엘리베이터 타고 올라가자.
Chéng ~ shàngqu ba.

地图	dìtú	지도, 약도

请在这里画个地图。
Qǐng zài zhèlǐ huà ge ~.
여기에 약도를 그려주세요.

地铁	dìtiě	지하철

地铁站在哪儿? 지하철역이 어디에 있습니까?
~zhàn zài nǎr?

地方	dìfang	장소, 곳

这是什么地方? 여기는 어디입니까?
Zhè shì shénme ~?

蛋糕	dàngāo	케이크

切生日蛋糕。 생일 케이크를 자르다.
Qiē shēngrì ~.

词语	cíyǔ	단어

你知道这个新词语的意思吗?
Nǐ zhīdao zhège xīn~ de yìsi ma?
너는 이 신조어의 뜻을 아니?

厨房	chúfáng	주방, 부엌
		她在厨房做饭呢。
		Tā zài ~ zuòfàn ne?
		그녀는 주방에서 밥을 하고 있다.

城市	chéngshì	도시
		我是在城市长大的。 나는 도시에서 자랐다.
		Wǒ shì zài ~ zhǎngdà de.

成绩	chéngjì	(일 · 학업상의) 성적, 성과, 수확
		他最近成绩不好。
		Tā zuìjìn ~ bù hǎo.
		최근 그의 성적은 좋지 못하다.

衬衫	chènshān	와이셔츠, 셔츠
		这件衬衫多少钱? 이 셔츠는 얼마입니까?
		Zhè jiàn ~ duōshao qián?

超市	chāoshì	슈퍼마켓
		妈妈去超市了。 엄마는 슈퍼마켓에 가셨다.
		Māma qù ~ le.

菜单	càidān	메뉴, 식단
		请把菜单给我。 메뉴판을 주세요.
		Qǐng bǎ ~ gěi wǒ.

冰箱	bīngxiāng	냉장고
		你家冰箱的容量大吗?
		Nǐ jiā ~ de róngliàng dà ma?
		네 집의 냉장고 용량은 크니?

宾馆	bīnguǎn	호텔

这附近有宾馆吗?
Zhè fùjìn yǒu ~ ma?
이 부근에 호텔 있습니까?

比赛	bǐsài	경기, 시합

精彩的比赛　재미있는 경기
Jīngcǎi de ~

鼻子	bízi	코

他鼻子大。　그의 코는 크다.
Tā ~ dà.

北方	běifāng	북쪽

飞机向北方飞去。
Fēijī xiàng ~ fēiqù.
비행기가 북쪽으로 날아간다.

办法	bànfǎ	방법, 수단

这是一个很好的办法。
Zhè shì yí ge hěn hǎo de ~.
이것은 아주 좋은 한 방법이다.

爱好	àihào	취미, 애호

你的爱好是什么?　네 취미는 뭐니?
Nǐ de ~ shì shénme?

阿姨	āyí	아주머니

谢谢，阿姨!　아주머니, 고맙습니다!
Xièxie, ~!

普通话	pǔtōnghuà	현대 중국 표준어
		你会说普通话吗?
		Nǐ huì shuō ~ ma?
		너는 중국 표준어를 말할 수 있니?
洗手间	xǐshǒujiān	화장실
		洗手间在哪儿? 화장실이 어디에 있습니까?
		~ zài nǎr?
一会儿	yíhuìr	잠시, 잠깐
		等一会儿。 잠시만 기다려 주세요.
		Děng ~.
照相机	zhàoxiàngjī	카메라
		我忘了带照相机。 사진기 가져오는 걸 잊었다.
		Wǒ wàngle dài ~.
办公室	bàngōngshì	사무실
		办公室里有人。 사무실 안에 사람이 있어요.
		~ li yǒu rén.
图书馆	túshūguǎn	도서관
		他去图书馆借书。
		Tā qù ~ jiè shū.
		그는 도서관에 책을 빌리러 간다.
行李箱	xínglixiāng	짐가방
		这件行李箱是谁的?
		Zhè jiàn ~ shì shéi de?
		이 짐가방은 누구의 것입니까?

| 电子邮件 | diànzǐ yóujiàn | 이메일 |

把电子邮件发给我吧。
Bǎ ~ fā gěi wǒ ba.
이메일을 제게 보내 주세요.

5. 부사

| 极 | jí | 아주, 극히 |

最近我忙极了。 최근에 나는 몹시 바쁘다.
Zuìjìn wǒ máng ~le.

| 才 | cái | 막, 방금, ~에야 비로소 |

现在才来啊! 이제서야 오니!
Xiànzài ~ lái a!

| 更 | gèng | 더욱, 더 |

这个比那个更好。 이것이 저것보다 더 좋다.
Zhège bǐ nàge ~ hǎo.

| 先 | xiān | 먼저 |

你先吃吧。 먼저 먹어.
Nǐ ~ chī ba.

| 又 | yòu | 또, 다시 |

他昨天来了，今天又来了。
Tā zuótiān lái le, jīntiān ~ lái le.
그는 어제도 왔고 오늘 또 왔다.

| 只 | zhǐ | 단지, 다만 |

家里只有我一个人。 집에 나 혼자만 있다.
Jiāli ~ yǒu wǒ yí ge rén.

越	yuè	점점 ~하다, ~할수록 ~하다
		雨下得越来越大了。 비가 갈수록 커진다.
		Yǔ xià de yuèláiyuè dà le.

还	hái	아직, 여전히
		我还没吃过饭呢。 나는 아직 밥을 먹지 않았다.
		Wǒ ~ méi chīguo fàn ne.

还是	háishi	여전히
		他还是住在香港。 그는 아직도 홍콩에서 살고 있다.
		Tā ~ zhù zài Xiānggǎng.

一边	yìbiān	~하면서 ~하다
		我一边吃饭一边看电视。
		Wǒ ~ chīfàn ~ kàn diànshì.
		나는 밥을 먹으면서 TV를 본다.

几乎	jīhū	거의
		他几乎两天没睡。 그는 거의 이틀 밤을 자지 않았다.
		Tā ~ liǎng tiān méi shuì.

经常	jīngcháng	언제나, 늘
		他经常来我家。 그는 자주 우리 집에 온다.
		Tā ~ lái wǒ jiā.

马上	mǎshàng	곧, 즉시
		我马上就来。 바로 가겠습니다.
		Wǒ ~ jiù lái.

其实	qíshí	기실, 사실
		这次考试其实不难。
		Zhècì kǎoshì ~ bù nán.
		이번 시험은 사실 어렵지 않았다.

必须	bìxū	반드시, 꼭

你必须去参加会议。
Nǐ ~ qù cānjiā huìyì.
너는 반드시 회의에 참석해야 한다.

突然	tūrán	갑자기, 돌연

天突然阴了。 날씨가 갑자기 흐려졌다.
Tiān ~ yīn le.

一共	yígòng	모두, 전부

一共多少钱? 모두 얼마입니까?
~ duōshao qián?

一直	yìzhí	계속, 줄곧

一直往东走吧。 동쪽으로 쭉 가세요.
~ wǎng dōng zǒu ba.

多么	duōme	얼마나

她多么漂亮啊! 그녀는 얼마나 아름다운가!
Tā ~ piàoliang a!

一定	yídìng	반드시, 꼭

我一定要去。 나는 꼭 가야 한다.
Wǒ ~ yào qù.

终于	zhōngyú	마침내, 결국

你终于来了! 네가 마침내 왔구나!
Nǐ ~ lái le!

总是	zǒngshì	늘, 언제나

他最近总是迟到。 그는 최근 늘 지각한다.
Tā zuìjìn ~ chídào.

比较	bǐjiào	비교적, 상대적으로
		今天比较热。 오늘 비교적 덥다.
		Jīntiān ~ rè.

6. 양사

段	duàn	단락, 토막
		你念第二段吧。 두 번째 단락을 읽어 보아라.
		Nǐ niàn dì èr ~ ba.

口	kǒu	명, 식구(식구를 셀 때 쓰임)
		你家有几口人? 식구가 몇 명이니?
		Nǐ jiā yǒu jǐ ~ rén?

辆	liàng	대, 량
		你家有几辆汽车? 네 집에는 자동차가 몇 대 있니?
		Nǐ jiā yǒu jǐ ~ qìchē?

双	shuāng	짝, 켤레, 쌍
		我买了六双袜子。 양말 여섯 켤레를 샀다.
		Wǒ mǎile liù ~ wàzi.

位	wèi	분, 명(사람)
		两位客人来了。 손님 두 분이 오셨다.
		Liǎng ~ kèrén lái le.

碗	wǎn	그릇
		我能吃两碗米饭。 나는 밥 두 그릇을 먹을 수 있다.
		Wǒ néng chī liǎng ~ mǐfàn.

楼	lóu	층
		办公室在二楼。 사무실은 2층에 있다.
		Bàngōngshì zài èr ~.

层	céng	층, 겹
		这是三层小楼。 이것은 3층짜리 작은 건물이다.
		Zhè shì sān ~ xiǎo lóu.

分	fēn	분, 점
		我又得了两分。 나는 또 2점을 획득했다.
		Wǒ yòu déle liǎng ~.

刻	kè	15분
		现在五点一刻。 지금 5시 15분이다.
		Xiànzài wǔ diǎn yí ~.

7. 전치사

离	lí	~로부터, ~에서
		学校离我家不太远。 학교는 우리 집에서 멀지 않다.
		Xuéxiào ~ wǒ jiā bú tài yuǎn.

把	bǎ	~을(를)
		把衣服洗洗。 옷을 빨다.
		~ yīfu xǐxi.

被	bèi	(~에게) ~당하다
		他被选为代表。 그는 대표로 뽑혔다.
		Tā ~ xuǎn wéi dàibiǎo.

为	wèi	~을 위하여
		为我们的友谊干杯。
		~ wǒmen de yóuyì gānbēi.
		우리의 우의를 위해서 건배합시다.

跟	gēn	~와(과), 따라가다
		我想跟你一起去。 당신과 같이 가고 싶습니다.
		Wǒ xiǎng ~ nǐ yìqǐ qù.

除了	chúle	~을 제외하고
		除了他以外，都来了。 그를 제외하고 모두 왔다.
		~ tā yǐwài, dōu lái le.

关于	guānyú	~에 관하여
		关于这件事，他已经尽力了。
		이 일에 관해서 그는 이미 최선을 다했다.
		~ zhè jiàn shì, tā yǐjing jìnlì le.

为了	wèile	~을 하기 위하여
		这都是为了你。 이 모든 것은 당신을 위해서다.
		Zhè dōu shì ~ nǐ.

根据	gēnjù	~에 의거하여
		根据气象预报，明天要下雨。
		~ qìxiàng yùbào, míngtiān yào xiàyǔ.
		기상예보에 의하면 내일 비가 올 것이다.

8. 접속사

或者	huòzhě	혹은, 또는, 그렇지 않으면

或者你去，或者我去都一样。

~ nǐ qù, ~ wǒ qù dōu yíyàng.

네가 가든 내가 가든 똑같다.

而且	érqiě	뿐만 아니라, 또한

他不但个子高，而且很重。

Tā búdàn gèzi gāo, ~ hěn zhòng.

그는 키가 클 뿐만 아니라 몸도 아주 무겁다.

然后	ránhòu	그런 후에, 그 다음에

先去北京，然后再去青岛。

Xiān qù Běijīng, ~ zài qù Qīngdǎo.

먼저 베이징에 가고, 그 다음에 다시 칭따오로 가자.

如果	rúguǒ	만약

如果你有什么要求，你随便提。

~ nǐ yǒu shénme yāoqiú, nǐ suíbiàn tí.

만약 뭔가 요구가 있으면 마음대로 제기해.

虽然	suīrán	비록 ~지만

他虽然老了，可是身体很好。

Tā ~ lǎo le, kěshì shēntǐ hěn hǎo.

그는 비록 늙었지만 몸은 아주 건강하다.

还是	háishi	또는, 아니면

你是韩国人，还是中国人?

Nǐ shì Hánguórén, ~ Zhōngguórén?

너는 한국인이니 아니면 중국인이니?

나도 중국어로 말할 수 있다!
완전 초보 중국어 첫걸음

초판 2쇄 발행 ┃ 2020년 8월 20일

지은이 ┃ 조희준
감　수 ┃ 장진카이(张进凯)
주　간 ┃ 이형석
디자인 ┃ 강성용
성　우 ┃ 한국인: 나디아 / 중국인: 郭洋, 朴龙君
제　작 ┃ 선경프린테크
펴낸곳 ┃ Vitamin Book
펴낸이 ┃ 남승천, 박영진

등　록 ┃ 제318-2004-00072호
주　소 ┃ 07251 서울특별시 영등포구 영신로 40길 18 윤성빌딩 405호
전　화 ┃ 02) 2677-1064
팩　스 ┃ 02) 2677-1026
이메일 ┃ vitaminbooks@naver.com
웹하드 ┃ ID vitaminbook　PW vitamin

© 2019 Vitamin Book
ISBN 979-11-89952-58-7 (13720)

이 도서의 국립중앙도서관 출판예정도서목록(CIP)은 서지정보유통지원시스템 홈페이지(http://seoji.nl.go.kr)와
국가자료공동목록시스템(http://www.nl.go.kr/kolisnet)에서 이용하실 수 있습니다. (CIP제어번호 : CIP2019039452)

mp3 파일
다운 받는 방법

🗨 컴퓨터로 다운 받는 방법 | 🗨 휴대폰으로 다운 받는 방법

도서 미디어, MP3 콘텐츠를
어디서나 간편하게!
콜롬북스

01
웹하드 www.webhard.co.kr 접속
아이디 vitaminbook
비밀번호 vitamin 로그인

01
GET IT ON **Google Play** | Download on the **App Store**
앱스토어 또는 구글플레이 스토어에서
'콜롬북스어플' 다운로드 및 설치

02 내리기 전용을 클릭

03 Mp3 자료실을 클릭

02
완전 초보 중국어 첫걸음
검색 후 Mp3 파일 다운

04
완전 초보 중국어 첫걸음
을 클릭하여 다운

03
안드로이드 & 아이폰 (휴대폰) 에서
즉시 청취 가능